本书得到中国国家铁路集团有限公司科技研究
大数据的高铁网络经济研究"和北京市属高等
划项目（BPHR202203211）支持

高铁网络经济研究

——基于大数据的视角

孙　琼　李竹伊◎编著

经济管理出版社

ECONOMY & MANAGEMENT PUBLISHING HOUSE

图书在版编目（CIP）数据

高铁网络经济研究：基于大数据的视角/孙琼，李竹伊编著．—北京：
经济管理出版社，2023.3（2023.8重印）

ISBN 978-7-5096-8955-4

Ⅰ.①高…　Ⅱ.①孙…②李…　Ⅲ.①高速铁路—铁路网—网络经
济—研究—中国　Ⅳ.①F532.3

中国国家版本馆 CIP 数据核字（2023）第 039444 号

组稿编辑：魏晨红
责任编辑：魏晨红
责任印制：黄章平
责任校对：曹　魏

出版发行：经济管理出版社
　　　　　（北京市海淀区北蜂窝 8 号中雅大厦 A 座 11 层　100038）
网　　　址：www. E-mp. com. cn
电　　　话：（010）51915602
印　　　刷：北京虎彩文化传播有限公司
经　　　销：新华书店
开　　　本：880mm×1230mm/32
印　　　张：4.25
字　　　数：125 千字
版　　　次：2023 年 3 月第 1 版　　2023 年 8 月第 2 次印刷
书　　　号：ISBN 978-7-5096-8955-4
定　　　价：68.00 元

前　言

高速铁路（以下简称"高铁"）在促进经济社会发展、支撑国家重大战略实施等方面发挥着重要作用。目前，我国已建成世界上最现代化的铁路网络和最发达的高铁网络，截至2021年底，我国高铁营业里程已突破4万千米，"四纵四横"高铁网络已全面建成，"八纵八横"高铁网络正在加密形成。近年来，大数据、云计算、物联网等技术飞速发展及日益普及，旅游业的服务模式、产业链增值及经营管理等方面都在迅速地发生变化，旅游信息化建设加速进行。因此，开展基于大数据的高铁网络经济研究，构建我国高铁旅游运输管理体系，开发高铁网络智慧旅游原型系统具有重要的现实意义。

本书紧紧围绕高铁网络对社会经济拉动作用、高铁旅游发展战略及智慧旅游原型系统开发等核心问题，分析了高铁网络对全国市场形态、客源市场群体结构及第三产业新业态发展的影响，研究了高铁网络对国内客源市场空间结构的影响，测算了全国重点旅游区域承载力适配度，提出了高铁近、中、远程客源市场开发策略和全域旅游发展战略建议，开发了基于数据采集、存储和分析的智慧旅游平台原型系统，实现了高铁网络智慧旅游平台在铁路旅游企业的示范应用，为高铁网络智慧旅游平台的开发与应用提供了参考。

本书由北京联合大学、中国铁道科学研究院集团有限公司运经所和中国人民大学商学院共同完成，其中第1章由肖永青、昌晶撰写；第2、第5章由孙琼、李竹伊撰写；第3章由李柏文、刘晓溪撰写；第4章由王丽、李峰撰写；全书的内容设计、编写组织、统稿工作由郭利田负责。

本书在编写过程中参考了已出版的研究专著、教材，借鉴了部分相关专著、论文等文献。由于笔者的学术水平和实践经验有限，书中不足或不当之处在所难免，恳请读者予以批评指正！

编者

目　录

1

绪论

1.1

研究背景

铁路是国民经济大动脉、关键基础设施和重大民生工程，在我国经济社会发展中的地位和作用至关重要。高铁在大幅缩短城市铁路运行时间的同时，提升了沿线城市的可达性，降低了企业的交易成本，加快了信息、资本、劳动力等要素的流动，对沿线社会经济产生了深远影响。2022 年 5 月，交通运输部发布了《2021 年交通运输行业发展统计公报》，该公报显示，截至 2021 年底，我国铁路运营总里程已突破 15 万千米，其中高铁运营里程突破 4 万千米。当前，我国东、中、西部及东北四大区域板块实现了高铁连通，网络效能初显。到 2025 年，将建成以"八纵八横"主通道为骨架、区域连接线衔接、城际铁路补充，以特大城市为中心覆盖全国、以省会城市为支点覆盖周边的综合高铁网络，实现省会城市高铁通达、区际之间高效便捷相连。随着中国进入高铁网络时代，单一化发展格局将被打破，通达性和创新环境将随之变革，促进一体化发展格局不断形成。随着京津冀协同发展、粤港澳大湾区建设、长三角一体化发展等区域重大战略的实施，如何承接高铁网络经济影响、催化高铁旅游经济、刺激站点区域发展、探究高铁网络对区域发展的影响已成为亟待解决的问题。

近年来，我国旅游产业高速发展，为铁路旅客运输产品（以下简称客运产品）的发展提供了新的思路与方向。高铁大规模运营在一定程度上减轻了铁路运输的压力，释放了大量的客运物流和运输能力，"旅游+铁路"融合发展成为当下的发展趋势。2013~2019年，我国旅游业直接总收入从2.95万亿元上升至6.63万亿元，年均复合增长率为14.45%，呈现出消费大众化、需求品质化、竞争国际化、发展全域化、产业现代化的发展特征，"交通+旅游""科技+旅游""文化+旅游"产业融合、旅游行业与新技术融合、从景点旅游向全域旅游发展的新趋势日趋明显。并且随着大数据、云计算、物联网等技术的飞速发展及日益普及，继国际商业机器公司（International Business Machines Corporation，IBM）提出"智慧地球"以后，掀起了建设"智慧城市"的热潮，"智慧旅游"应运而生。越来越多的城市加入建设"智慧城市"的潮流中，旅游信息化建设加速进行，越来越多的游客将享受到"智慧旅游"带来的乐趣。

有关高铁网络对经济社会影响的研究主要集中在初期规划和案例分析方面，而关于高铁网络对旅游经济作用的研究较少且缺乏系统性。国外学者通过分析日本和欧洲的一些国家高铁通车后可达性的变化，认为高铁对居民居住地点和工作有直接的影响，从而推动了该地区的经济增长。国内学者从高铁对沿线城市群的同城化趋势出发展开研究。目前，多数学者认为高铁会对社会经济产生促进作用，部分学者认为高铁对社会经济的促进作用在中小城市体现得不明显，也有部分研究表明高铁对周边城市的社会经济可能存在阻碍作用。在高铁网络的作用下，高铁的发展给沿线城市带来的影响是多方面的，不能从单方面判断开通高铁的优劣。因此，要对高铁网络下沿线地区经济社会的改变进行深入的研究。高铁对城市旅游业的发展具有重要影响。旅游业因为具有综合性强、关联度高、产业链长、辐射面广、带动力大的特点，在国民经济中的地位日益凸显，成为推动经济社会发展的重要因素。国内外学者对高铁旅游的关注度快速升高。受高铁建设时间的影响，美国、法国及日本、韩国等国家较早开展了相关研究，并取得了丰硕的成果。国内学者关于高铁旅游的研究始于1999年，但在随后的几年中并未引起学术界的足够重视。直到2010年，国内学术界迎来了高铁和旅游业这两个共轭领域成果的丰硕期。通过梳理国内外的研究成果可知，现有研究主要集中在高铁对旅游产业要素集聚、区域旅游空间结构和旅游目的地发展的宏观影响方面，以定性分析为主，而从区域空间角度出发，有关高铁对旅游经济发展影响的实证研究较少。因此，开展基于大数据的高铁网络经济研究、构建我国高铁旅游运输管理体系、开发高铁网络智慧旅游原型系统具有重要的理论意义和现实意义。

1.2

研究现状

交通运输与区域经济、城市经济、产业经济之间具有很强的关联性，在多方位、多层次上相互促进、相互制约，逐渐发展为一个有机的整体，并最终形成"交通运输—区域经济"复合大系统。随着"四纵四横"高铁网络的全面建成,"八纵八横"高铁网络正在加密形成,对高铁网络的研究也成为相关学科的热点。

1.2.1 高铁网络对经济社会拉动作用研究

高铁网络对社会经济拉动作用的相关研究主要集中在高铁沿线区域与城市可达性、高铁空间效应、高铁对城市与区域经济的影响、高铁引发的空间结构及格局的演变、高铁对其他交通运输方式的影响等方面,以及从定性的角度出发,以高铁的区域经济效应为主题,将高铁作为影响区域经济发展的激活因子和动力因素,研究某一条线路对区域经济增长、区域产业发展、区域空间结构等的影响和作用机理。但通过定量方法对高铁网络的社会经济影响进行评价的文献较少,且比较零散。在高铁网络对社会经济影响研究领域,虽然已经积累了一定的理论知识,但总体来看,理论研究和应用研究还处于初步阶段。本书认为以下几点可重点加强:

第一,有关高铁网络对社会经济影响的理论研究较少,对高铁网络经济影响的理论基础尚未形成共识,有关高铁网络效能及其对城市经济结构的影响研究亟待深入。目前,关于高铁网络的实证研究主要集中在某几条高铁对区域经济影响的定性分析和定量分析。总体来看,研究的范围和深度仍有待进一步加大,在实践应用中积累的研究经验,还需要进行提炼和总结,要从经验水平上升到理论水平。

第二,高铁对社会经济影响的研究涉及的内容比较庞杂,包括经济总量、产业结构、财政收入、资源节约、人口就业、大气排放等指标。未来应对研究的目标和主要内容进行系统归纳,并综合考量不同地区的资源条件，深入探究高铁网络建设对城市空间结构的影响。

第三，高铁网络对社会经济影响的研究方法有待进一步规范和创新。在方法的使用上，目前的大部分研究仍停留在定性分析或直观的定量分析上，分析结果具有一定的主观性，缺乏多学科交叉的研究方法支撑。目前的实证研究方法还不能完全满足实践的需要，因此须在不断总结以往应用方法的基础上，进行新的突破和发展。

第四，在高铁网络对社会经济影响评价的理论研究方面，研究人员认为高铁的运营将产生同城化效应、一体化效应和集聚效应，对沿线区域的产业结构、经济社会可持续发展有着重要影响。在实证分析方面，研究人员主要采用灰色预测法、建立回归分析模型等方法，通过测算数据来验证高铁对区域经济的影响，结果表明，高铁对沿线区域的交通运输、产业结构有着重要影响。综合来看，国内有关高铁对区域经济影响的研究取得了一定的成果，但定性研究较多，且集中在产业结构、区域通达性、要素流动、区域空间结构等方面；定量研究多关注高铁工程技术方案、高铁整条线路对区域经济的影响，缺乏具体分析高铁网络对第三产业和新业态影响状况的深入研究，没有突出高铁网络的效应和影响的差异性。

1.2.2 高铁旅游相关研究

国内外众多专家学者开展了高铁网络与旅游区域耦合协调相关的理论和方法研究，主要集中于旅游区域承载力耦合模型和优化发展策略方面，多数从区域资源空间承载能力与高铁网络的协同程度出发进行定性分析，忽视了旅游区域承载力的时空演变特性，也未能从高铁产品供给质量角度研究其适应性。一些学者针对高铁旅游资源进行相关研究，2003 年，国家旅游局颁布的《旅游资源分类、调查与评价》（GB/T 18972—2003）将旅游资源分为 8 个主类、31 个亚类和 155 个基本类型，现有的针对高铁旅游资源体系的研究方法多根据该标准对其进行归纳总结。

从民航、邮轮、高铁等旅游市场研究及开发经验来看，不少学者对民航旅游业的发展进行了研究，发达国家民航业发展较早，对与旅游业相结合的有关方面进行了研究，经过不断地探索、研究和学习，形成了许多有效的民航业与旅游业融合发展的方法与措施。我国为促进旅游业的发展，先后在许多热点旅游城市之间开行了"Y"字头旅游专列，2018 年直通旅游列车开行数量突破了 1000 列。但是，随着我国旅客出行需求的不断提高，旅游市场的竞争越发激烈，游客对旅游交通工具的需求不再只满足于目的地之间的位移和线路的设计，而要求以其方便、快捷、舒适来提升旅游体验。因此，应开发相应的铁路旅游动车组产品，如打造"旅游列车化"的动车组产品，发挥铁路旅游市场在落实国家战略中的作用。

对高铁旅游产品和高铁旅游运营管理的研究成果比较丰硕。高铁乘客以商务旅客和旅游者为主，这部分旅客具有丰富的旅行经验，以体现个性、获得尊重、实现自我为普遍心理需求，热衷于高端化、时尚化、商务化的服务。以京沪高铁为例，一是其沿线地区现有的旅游新产品层次较低，仍以观光旅游产品为主，休闲体验式旅游产品较为薄弱，红色与滨海旅游虽有一定优势，但发展空间仍然较大；二是票价较高，临站服务体系不健全。对于大众游客来说，与其他铁路运输方式相比，高铁票价比较昂贵，不易普及。在客运产品创新方面，国外旅游列车已经成为创新客运服务产品的重要研究内容之一。旅游列车作为旅游产品系列中的重要组成部分，在世界旅游业内被广泛开发利用，其中不乏成功案例，如非洲的阿尔及利亚、南非，大洋洲的澳大利亚，欧洲的英国、瑞士、德国，南美洲的巴西、委内瑞拉等均开通了旅游列车。旅游列车对世界旅游业的发展做出了重大贡献。虽然德国、法国、日本、加拿大、英国等发达国家实行了严格的行业监管，但同时也实现了以旅客为核心的客运产品创新，通过客运产品的创新设计来打造客运产品价值链，取得了较好的运营效益。

1.2.3　智慧旅游研究

近年来，世界各国都将旅游业列为优先发展的重要部分，以帮助国家整体经济发展。"可持续旅游"已成为各国发展旅游业的重中之重。2018 年，亚太经济合作组织（APEC）会议关注了"智慧旅游"，其中一个要点是利用数字技术进行数字连接，将有助于发展包容性旅游，促进亚太地区人民的连接，推动旅游业可持续发展。智慧旅游的定义为，"其支持目的地的综合努力，以寻找创新方法来收集和汇总/利用来自物理基础设施、社会联系、政府/组织来源以及用户的数据，并结合使用先进技术将这些数据转化为现场体验和商业价值建议，明确关注效率、可持续性和体验丰富性的旅游"。智慧旅游的本质是指信息通信技术等智能技术在旅游业中的应用，以提升旅游服务、改善旅游体验、创新旅游管理、优化旅游资源利用为目标，增强旅游企业竞争力、提高旅游行业管理水平（张凌云等，2012）。智慧旅游涉及多个组件和层级，智慧包括：①智慧旅游目的地，这是将信息通信技术融入物理基础设施的智慧城市的特例；②智慧旅游体验，特别关注以技术为媒介的旅游体验，并通过个性化、情境感知和实时监控来提升这些体验；③智慧商业，是指创造和支持旅游资源交换和旅游体验共同创造的、复杂的商业生态系统。

智慧旅游系统也称智慧旅游平台，是指物联网、云计算、通信网络、高性能信息处理、智能数据挖掘等技术在旅游体验、产业发展、行政管理等方面的应用，使旅游物理资源和信息资源得到高度系统化整合和深度开发激活，并服务于公众、企业、政府等面向未来的全新的旅游形态。智慧旅游系统以融合的通信与信息技术为基础，以游客互动体验为中心，以一体化的行业信息管理为保障，以激励产业创新、促进产业结构升级为特色。总之，就是游客与网络实时互动，主动感知旅游相关信息，并及时安排和调整旅游计划，让旅程安排进入触摸时代。随着将更多的基础技术与5G网络进行融合，在文化和旅游行业信息化中会不断地出现创新应用体验，如云 VR 为用户提供更加便捷的沉浸式体验、5G 融合全息投影技术提供的虚实难分的感官体验等，将颠覆传统意义上的应用体验，并为旅游目的地的传播推广提供更多的技术手段，在智慧旅游体验方面发挥重要作用。信息聚合、泛在的连接性和实时同步是智慧旅游体验的主要驱动力。通过智能化技术手段，为旅行者提供更好的体验：

（1）根据各种因素预测用户的需求，并对特定环境下的消费活动（如兴趣点、餐饮和娱乐）的选择提出建议。

（2）通过提供丰富的信息、基于位置和定制化的互动服务，增强旅行者的现场体验。

（3）使旅行者能够分享他们的旅行体验，以便帮助其他旅行者做出旅游决策，恢复和强化他们的旅行体验，并在社交网络上构建他们的形象。

从行业的角度来看，智慧旅游强调的是这些智能系统在流程自动化、效率提升、新产品开发、需求预测、危机管理和价值共创等方面的潜在贡献。

本书充分借鉴了前人的研究成果，将系统梳理高铁网络对区域经济增长的作用机理，评估高铁网络对全国主要区域市场的影响强度，分析高铁网络市场新格局、潜在规模及其区域分布演化趋势，研究高铁网络对国内客源市场空间结构的影响，测算全国重点旅游区域承载力适配度，为高铁近、中、远程客源市场开发策略和全域旅游发展战略提出建议。同时，在分析高铁旅游大数据应用场景和应用技术的基础上，设计开发了基于数据采集、存储和分析的高铁智慧旅游平台原型系统。

1.3

研究内容

本书包括以下三个部分的内容，三个部分之间的逻辑关系是总体规划—重点聚焦—技术支撑。

（1）高铁网络对社会经济拉动作用研究。分析高铁网络建设规模和空间格局特征及相互影响，评估高铁网络对全国主要区域市场的影响强度，明确高铁网络下全国市场形态、客源市场群体结构及第三产业新业态发展趋势，研究高铁网络市场新格局、潜在规模及其区域分布演化趋势，为高铁远、中、近程客源市场开发策略提出建议。

（2）高铁网络全域旅游发展战略研究。针对高铁网络快速发展并显著改善我国旅游交通条件的现实情况，探索高铁发展如何影响我国旅游空间格局，测算重点旅游区域承载力适配度，实证高铁对全域旅游发展的影响，构建高铁网络旅游资源、服务产品、产业生态和运营管理四大体系，提出我国高铁旅游的运营管理体系。

（3）基于大数据的高铁网络智慧旅游系统方案设计及原型系统开发。分析高铁网络智慧旅游大数据结构特征，设计高铁网络智慧旅游大数据平台框架及相关算法，开发了基于数据采集、存储和分析的智慧旅游平台原型系统。

本书按照"高铁网络对社会经济拉动作用研究→高铁网络全域旅游发展战略研究→基于大数据的高铁网络智慧旅游系统方案设计及原型系统开发"的技术路线开展相关研究，具体技术路线如图 1.1 所示。

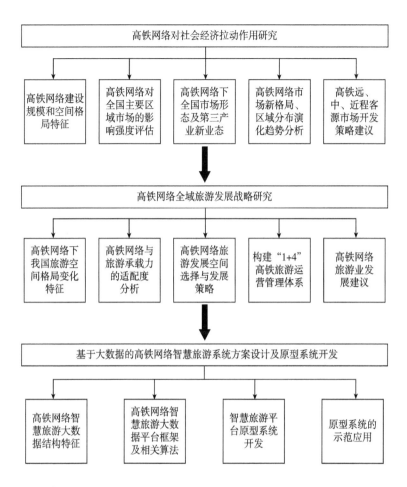

图1.1 技术路线

2

高铁网络对社会经济
拉动作用研究

2.1

高铁网络建设规模与空间格局特征

2.1.1　高铁网络建设规模的区域特征

高铁网络建设规模具有以下区域特征：一是华东地区运营里程和路网密度优势显著，华北和西南地区增幅较大。二是西北地区单位运营里程远高于其人口规模和经济水平。三是长江三角洲城市群和长江中游城市群运营里程优势显著。四是长江三角洲城市群和珠江三角洲城市群路网密度较高。五是海峡西岸城市群和关中平原城市群等的路网规模和人口经济较为协调。六是空间尺度上单位人口里程和单位 GDP 里程优势集中在西北、东部沿海和东北地区等网络边缘。高铁网络下城市群单位人口里程和单位 GDP 里程分析如表 2.1 所示。

2.1.2　高铁网络空间分布特征

（1）扩张初期以骨架构建为主体，连接省会或双中心城市。根据高铁线路通车时间，结合相关高铁网络规划，我国高铁网络在扩张初期最先连接邻近的省会城市或省域内的双中心城市，终点往往是经济发达、人口稠密的地区。如在高铁网络扩张的早期，以区域性双中心城市为终点的高铁线路主要有京津城际（北京—天津）、胶济高铁路线（青岛—济南）、长吉高铁路线

表 2.1　高铁网络下城市群单位人口里程和单位 GDP 里程分析

城市群	单位人口里程（千米/亿人）		单位 GDP 里程（千米/万亿元）	
	2020 年	2030 年（规划）	2020 年	2030 年（规划）
长江中游城市群	3227.0	4325.4	692.3	928.0
哈长城市群	2332.3	5644.8	441.4	1068.3
成渝城市群	2232.6	3609.4	604.9	977.9
长江三角洲城市群	1919.3	4582.5	194.7	465.0
中原城市群	1211.7	2369.3	424.1	829.3
北部湾城市群	1840.6	3233.7	569.4	1000.3
珠江三角洲城市群	2130.4	3663.5	118.0	202.9
京津冀城市群	2188.5	4485.6	288.1	590.5
山西中部城市群	5130.7	5827.8	1344.8	1527.6
宁夏沿黄城市群	8615.6	11854.1	1827.8	2514.9
辽中南城市群	3759.9	5606.7	463.9	691.7
天山北坡城市群	1249.6	1249.6	194.4	194.4
关中平原城市群	3037.2	4087.4	657.0	884.2
呼包鄂榆城市群	6578.6	10600.7	482.9	778.1
山东半岛城市群	2169.8	3460.9	274.1	437.2
海峡西岸城市群	2194.8	3876.9	434.1	766.8
黔中城市群	2094.0	4465.1	909.4	1939.2
滇中城市群	2951.1	2951.1	764.7	764.7
兰西城市群	3031.2	6522.1	1020.1	2195.0

（长春—吉林）、昌九高铁路线（南昌—九江）、杭甬高铁路线（杭州—宁波）、合蚌高铁路线（合肥—蚌埠）等；以邻近省会城市为终点的客运专线有石太高铁路线（石家庄—太原）、合武高铁路线（合肥—武汉）、郑西高铁路线（郑州—西安）等。

（2）由"核心—核心"模式向"核心—网络"模式扩张。

随着高铁投资规模持续高位运行，高铁网络密度逐渐上升，路网空间布局持续优化，基本实现了不同区域之间多路畅通、省会之间互联互通、地市之间快速通达的空间格局，高铁网络空间扩张模式由"核心—核心"模式向"核心—网络"模式转变。

（3）中东部稠密与西部稀疏的空间分异特征逐步减弱。从高铁建设时序的研究结果来看，已建高铁主要集中在中东部经济发展水平较高、城市较为密集的地区，西部地区发展不足。目前，在"八纵八横"高铁主通道中，已建成贯通京沪、京哈—京港澳、青银、陆桥、沿江、沪昆、广昆等，其余通道已开通运营部分区段，主要位于经济较发达的中东部地区。规划建设的高铁网络中，中东部地区路网得到进一步优化提升，其中东部较发达区域路网已趋于饱和，提升空间有限，西部地区高铁加快建设，区域间的差距逐步缩小。

2.1.3　高铁网络空间格局及其影响

2.1.3.1　高铁网络结构的发育程度

高铁网络的发育和演化规律主要是连通城市节点数量不断增加，网络的服务能力和连通性持续提高，网络结构日趋复杂，网络回路水平不断增强，实际成环率增幅较大，网络节点相互作用程度的提升速度略有滞后。高铁网络结构的发育水平如表2.2所示。

2.1.3.2　高铁网络结构及其影响分析

高铁网络结构及其影响主要体现在以下两个方面：一是高铁网络缩短了城际拓扑距离。2020年和2030年，高铁网络的平均路径长度分布减少至12.6和10.2，表明规划中的高铁网络缩短

表 2.2　高铁网络结构的发育水平

指标	2020 年	2030 年
节点数（v）	213	271
节点占比（%）	63.2	80.4
线路数（e）	244	394
连接率	1.15	1.45
环路指数	32	124
实际成环率	0.08	0.23
实际结合度	0.39	0.49

了城市之间的拓扑距离。二是高铁网络内部城市的节点连通性优势显现。随着高铁网络规模的不断扩大，各城市节点的连通性持续提升，网络连接形态不断升级。高铁网络中节点度最高值分别为 2020 年的 7 和 2030 年的 8，中心度均值为 2020 年的 2.3 和 2030 年的 2.9。中心度值为 3 及以上的高铁城市节点数量在逐步上升，中心度值为 1 的高铁城市节点数量在逐步下降，而中心度值为 2 的高铁城市节点数量先升后降。

2.2

高铁网络对全国主要区域市场的影响强度评估

2.2.1　高铁网络对全国主要区域市场影响的评价方法

本书采用科布—道格拉斯生产函数，以中国 285 个城市为样本，考察高铁网络对中国主要区域市场的现实影响。数据主要来源于各年《中国城市统计年鉴》，高铁网络和高铁停车时间的相关数据来源于 12306 网站。被解释变量包括地区生产总值（GDP）、地区生产总值的增速（GDP z）、三次产业增加值的自然对数（GDP 1、GDP 2 和 GDP 3）以及三次产业从业人数（万人）的自然对数（labor1、labor2 和 labor3）。

2.2.2 区域市场影响强度评价

2.2.2.1 影响路径分析：基于城市腹地划分

本书采用城市经济联系的方法，对非高铁和高铁网络化下核心城市及其腹地范围进行划分。通过对非高铁和高铁网络化下核心城市及其腹地范围的研究，发现高铁网络下城市腹地空间特征主要有以下四点：一是高铁网络建设加强了核心城市的辐射范围，中心城市对腹地的竞争更为激烈。二是从腹地面积变化率来看，变化率最大的城市分别为海口（2008.44）和西宁（662.84%）。三是随着高铁的开通，大都市圈范围进一步得到扩大。四是在非高铁和高铁网络化下，受本身地域空间的影响，全国各中心城市的腹地面积空间格局都呈现东部地区城市腹地面积相对较小、中部地区城市腹地面积较为均衡和西部地区城市腹地面积相对较大的格局。

2.2.2.2 强度分析

本书测度了中国主要区域市场生产总值的空间相关性，地区生产总值的 Moran's Ⅰ 指数为正。这一结果说明，地区生产总值表现为正向的空间相关关系，即地区生产总值水平较高的区域市场被地区生产总值水平较高的区域市场所包围；地区生产总值水平较低的区域市场被地区生产总值较低的区域市场所包围；存在显著的空间溢出效应。

在全国主要区域市场经济发展影响强度评价中，由于样本的时间跨度和地区跨度都较大，选择 SARAR 模型中的混合固定效应模型进行分析，主要得出以下结论：首先，高铁网络建设促进了全国主要区域市场经济发展水平的提升。其次，高铁站所在的区域市场等级越高，区域市场的经济发展水平就越高。再次，高铁在所在区域的停车时间越长，其经济的发展水平就越高。而且，对区域市场经济的影响程度从大到小依次是高铁网络、高铁站等级和高铁停车时间。最后，相邻区域市场经济发展水平的提升会抑制本地区域市场经济发展水平的提升。

通过研究高铁网络对全国主要区域市场经济水平和经济增长率的影响发现，高铁网络能够更好地提高全国主要区域市场的经济增长率。可能的原因是开通高铁网络能够为城市经济带来优势的要素，如信息、知识和技术的扩散，可以节约城市之间的时间成本，提高城市的要素效率和经济发展质量，增强城市经济发展的后劲。

本书将中国城市经济区分为三大产业，以考察高铁建设对全国主要区域市场中不同产业的异质性影响。首先，高铁网络对中国城市第一产业增加值的影响为负，说明随着高铁的开通，第一产业的发展速度不断下降。可能的原因是高铁网络加大了第二产业和第三产业对第一产业的虹吸效应，促进了第一产业内的劳动和资本等要素向第二产业和第三产业转移，导致第一产业增加值下降。其次，高铁网络对全国主要区域市场第二产业和第三产业增加值的影响为正，说明随着高铁网络的完善，城市中第二产业和第三产业的发展速度不断加快。可能的原因是：一方面，高铁网络降低了全国主要区域市场之间的交易成本；另一方面，吸引优势劳动和资本要素向第二产业和第三产业转移，导致第二产业和第三产业的增加值提高。最后，高铁网络对第二产业增加值的影响系数大于对第三产业增加值的影响系数。可能的原因是第一产业转移的劳动和资本等要素更容易适应第二产业，故劳动和资本要素主要流向第二产业。

2.2.3　高铁网络对不同规模区域市场空间的作用与影响

2.2.3.1　强化一级城市社会经济辐射功能

根据不同时段一级城市在高铁网络上的连通—可达性指数，创建堆积条形图和等高线图。同一时期一级城市连通—可达性指数差异较大，表明高铁投资在一级城市之间的分布是不均衡的；但随着时间的推移连通—可达性指数逐渐升高，且城市之间指数差距逐渐在缩小，表明随着高铁项目的逐步增多，高铁投资在一级城市之间的差距逐步减小。此外，以一级城市为中心的交通圈在逐步扩大，一级城市的社会经济辐射功能得到进一步加强；东、中、西部经济价值存在较大差距，经过高铁基础设施的密集投资建设，东、中、西部互联互通水平得到提升，地区差距逐渐缩小。

2.2.3.2 加速二级城市的产业极化

尽管高铁建设可以促进区域可达性整体提高，促进区域内资源再分配，但高铁的经济效益有限，并不是每个城市都能从中获得显著提升。二级城市综合评价指数均呈上升趋势，但指数上升幅度呈现差异化。相比而言，高铁网络带来的经济效应主要集中于高铁沿线城市，其显著地提高了沿线站点城市的可达性水平，增强了沿线站点城市间的经济联系强度。而非高铁沿线城市可达性水平提升幅度相对较小，与周边城市间经济联系的强度也较弱。因此，高铁网络对区域可达性的非均衡影响，可能会造成高铁沿线城市与非沿线城市间不平衡性的加大，从而加大二级城市的产业极化。

2.3

高铁网络下的全国市场形态、客源市场群体结构及第三产业新业态分析

2.3.1 高铁网络下的全国市场形态

2.3.1.1 高铁网络对全国市场形态的影响

（1）高铁网络间接提升了区域市场的物流水平。本书以我国 280 个地级市为研究对象，通过构建我国城市物流业综合发展水平的指标体系，采用双重差分倾向得分匹配法，评价高铁网络建设对物流业发展的影响和作用机制。一方面由于发达城市的投

资收益率递减、生产要素成本提升，部分产业开始向周边欠发达城市转移；另一方面相对于大城市，中小城市普遍缺乏航空系统的支持，高铁的引入将明显改善其交通区位，从而对其物流业的发展产生更显著的影响。

（2）高铁网络显著地推动了商流，实现兴旺发达。商流主要是指企业间的产品交易、服务交易和知识产权交易等交易行为。高铁的开通对商流的正向影响主要体现在促进了以货物为代表的产品交易的兴旺，促进了第三产业的发展以及高铁沿线或枢纽地区其他产业市场交易的出现或繁荣。高铁网络促进城市贸易的主要原因是：第一，高铁具有发车密度大、运输速度快等特点，缩短了地域上的空间距离，节约了信息和时间成本；第二，高铁网络的发展提高了可达性，增强了人员流动，使区域之间的市场有效连接，资源得以更有效率地配置，提高了企业、劳动力进入各地市场的效率以及市场的准入程度。

2.3.1.2　高铁网络对产业结构的影响

高铁网络对各个城市服务业产值占比的影响。第一，从时间因素来看，没有加入控制变量时，时间因素 T 显著。随着控制变量的加入，时间因素变得不显著，说明我国第三产业占比在 2014 年前后并没有显著的变化。第二，从地级市是否开通高铁来看，在未加入控制变量时，地区因素 S 显著为正。随着控制变量的加入，时间因素变得不显著，说明在别除高铁影响的情况下，实验组和控制组服务业占比并没有显著的差别。第三，从高铁开通时间来看，无论控制变量是否加入，高铁开通时间都显著为正，说明高铁的开通能够带动沿线城市服务业产值占比的提升，从而有助于发展第三产业。

2.3.1.3　高铁网络对服务业就业集聚的影响

高铁网络能显著地提高沿线中间站点城市服务业就业人数和就业水平，促进服务业就业集聚。本书选取 2007～2019 年全国 122 个城市为研究对象，选择双重差分模型，探究高铁开通对服务业就业集聚的影响。第一，从时间因素来看，在未加入控制变量时高铁开通对服务业就业集聚的影响显著且为正，加入控制变量后依旧显著但为负，说明就业状况并没有得到明显的改善。第二，从地级市是否开通高铁来看，在不加入控制变量时地区因素在 1% 的水平下显著且为正，随着控制变量的加入，地区因素在 5% 的水平下显著且为负。由此得出，剔除高铁因素下实验组的就业状况并没有好于控制组。第三，从高铁开通时间来看，无论是否加入控制变量，高铁因素始终在 1% 的水平下显著。因此可知，高铁可以明显地带动服务业就业，促进服务业就业的集聚，增加服务业就业人数，提高服务业就业人数比例。

2.3.2　高铁网络下的客源市场群体结构

高铁网络化带来了城市可达性的整体提高，从而导致了旅客决策和资源开发条件的变化。本书从客源市场类型、客源市场时间结构和客源市场空间结构对高铁网络下的客源市场群体结构进行分析。

2.3.2.1　高铁网络下客源市场的类型

出行者的出行目的大体可以分为因公出行和私人出行。出行目的不同，出行者对运输方式的需求和对服务质量的要求有很大的区别。经济因素对因公出行的旅客的出行行为影响会比较小，这部分旅客会追求更高的出行品质。而旅游探亲的旅客对运输方式的速度要求不是太高，更多地看重乘车的性价比。此外，以京广高铁的乘客为研究对象，就出行目的进行了随机采访，总体来看，出行旅客以青壮年旅客为主，且公务出行和探亲访友出行占绝大多数，其次是商务出行和旅游休闲出行。

2.3.2.2 高铁网络下客源市场的时间结构

高铁网络满足了旅客多样的时间需求，尤其是夜间列车的开通使客源出行时间具有了较大的柔性。从出行者出行的全过程来看，出行可以分为三个部分：出发地市内的出行时间、城际间的出行时间和目的地市内的出行时间。出行时间不仅受出行距离的影响，而且与换乘的方便程度也有一定的相关性。随着收入水平及城市化程度的提高，出行者出行选择行为会在很大程度上受到总出行时间的影响。对于旅行时间的选择，出行者更愿意在夜晚完成空间转移，也就是说多数人更倾向于乘坐夕发朝至列车。此外，高铁提速使乘客对接驳时间的感知更敏感，因为一些高铁站远离城市中心位置，乘客到达高铁站点花费的接驳时间较长。

2.3.2.3 高铁网络下客源市场的空间结构

根据前文对高铁网络建设规模和空间格局特征及其相互影响的分析，发现高铁网络实现了地区之间多路畅通、省会之间互联互通和地市之间的快速通达。基于此，按照目的地与客源地之间的空间距离进行划分，可将客源市场细分为近程客源市场、中程客源市场和远程客源市场。近程客源市场主要是指以高铁站为中心、半径在 400 千米以内的城市群；中程客源市场主要是指以高铁站为中心、半径在 400～1200 千米的城市群；远程客源市场主要是指以高铁站为中心、半径超过 1200 千米的城市群。高速铁路因快速便捷产生了"时空压缩"效应，是解决大通道上大量旅客快速输送问题的最有效途径。伴随高铁带来的"时空压缩"效应，旅游者出行的时间距离不变而空间距离将增大，或空间距离不变而时间距离将减小。

2.3.3 高铁网络对第三产业新业态的影响

高铁网络的形成和发展促进了人员、技术和资本等生产要素的快速流动，实现了广阔区域内资源的优化配置，增加了区域资源禀赋和接待设施，优化了产业结构的升级路径，极大地促进了第三产业和其他产业之间的分化、融合和跨界整合，本部分从"高铁+产业链""高铁+关联产业""高铁+城市综合体"三个方面探究高铁网络对第三产业新业态的影响。

2.3.3.1 "高铁+产业链"

高铁拓展了乘客的出行范围，使出行距离由近程逐渐向中远程延伸，因此应构建多区域、多交通方式的合作机制和高铁网络产品创新体系，进行针对性开发。首先，在各城市合理分工的基础上，建立具有互补性的出行线路，配套建设一批与公路、航空快捷互换的中转设施，并大力发展与此相适应的多产业链。例如，海铁联运可以帮助乘客实现铁路到港口的无缝衔接，保证港口出行的高效畅通，进一步整合优化铁路资源，实现效益最大化。其次，应全面推进我国高铁网络全产业链的国际化发展。我国高铁在国际市场上已经具备技术、市场和要素成本的优势，形成了集研发、设计、配套、制造、检测和服务于一体的全产业链，应进一步开拓国际市场，重视合作创新，加快产业的国际化发展进程。

2.3.3.2 "高铁+关联产业"

随着高铁网络与关联产业的融合，跨区域、跨行业的合作步伐加快，产生了一批将"快旅"与"慢游"融合的新产品。比如，"高铁+景区"的融合、"高铁+租车"多种主题线路与产品的组合新模式。这些产品以高铁为载体，能够极大地增加高铁的特色化、体验性和多样化，满足出行者需要的各项要素和效用的组合，丰富市场产品供给，促进产业的升级调整。

2.3.3.3 "高铁+城市综合体"

"高铁+城市综合体"可以扩展高铁网络所产生的"时空压缩"效应，结合城市优势更好地发挥高铁的积极作用。首先，在高铁影响区域内，不同等级的城市可利用可达性的提升和各自的资源优势，构建高铁小镇，进行产业调整，使区域内不同发展程度的城市呈现互补性发展格局。其次，可以结合城市的自身条件，依托铁路发展的溢出效应，因地制宜地采取措施实现铁路客站及其周边区域的协同发展，进行"站城融合"，最终形成铁路建设带动城市发展、城市发展反哺铁路建设的"双赢"局面。

2.4

高铁网络市场新格局、潜在规模
及其区域分布演化趋势

2.4.1　高铁网络对区域可达性的影响评价

通过分析高铁网络建设对区域可达性的影响发现：首先，整体看来，城市加权平均旅行时间由东部沿海地区向东北、西北、西南地区逐步增加，呈现东、中、西地带性递减格局。其次，高铁网络提升了全国的可达性水平。经测算，全国加权平均出行时间可达性值从高铁建设前的 18.7 小时缩短到 2023 年的 10.3 小时，可达性整体上有了大幅提升。最后，城市的可达性分布在空间上呈现"核心—边缘"模式。中原城市群作为核心区域具有较高的可达性，外围城市的可达性逐步降低。随着高铁网络的建设和规划，各可达性等值圈层由中原城市群向外围城市持续扩散。

2.4.2　高铁网络下的客源市场空间结构

2.4.2.1　城市间联系强度分析

第一，"胡焕庸线"东南侧区域的省会及其周边城市之间经济联系强度较大，而"胡焕庸线"东南侧和西北侧区域城市之间及"胡焕庸线"西北侧区域内部城市之间经济联系强度微弱。第二，随着高铁网络建设，城市群内部城市之间的经济联系强度不断加强，城市群之间的城市经济联系强度也日益增强。第三，现阶段的高铁网络建设，使经济联系强度增幅较大的城市集中在上海和北京及其周边的城市，如上海和南京、杭州、合肥、镇江、扬州等城市之间，北京和石家庄、邯郸、沧州等城市之间；在高铁网络的高速建设过程中，经济联系强度方面获益较大的是重庆市。

2.4.2.2　城市对外经济联系总量分析

第一，高铁网络建设整体上提升了城市对外经济联系总量。从全国层面来看，高铁网络建设后城市对外经济联系总量整体上比高铁网络建设前有了大幅提升。第二，华北地区取代华东地区居于城市对外经济联系总量均值的首位。第三，对外经济联系总量优势城市集中在珠三角、长三角和京津冀城市群。第四，省份对外经济联系总量均值呈两极分化的状态。第五，城市对外经济联系总量规模较大的城市其获益也较高。第六，高铁网络建设整体上缩小了城市之间对外经济联系总量的差异，城市之间在高铁网络建设前、建设现状、近期规划和远期规划的变异系数呈逐步缩小的趋势。

2.4.3　高铁网络下的客源市场格局及其演化趋势

本书基于前文关于可达性的相关研究，以全国 773 个高铁站点之间的高铁班次数据表征高铁城市客流，刻画高铁网络下的市场新格局，分析其演化趋势。

高铁网络下客源市场总体与城市行政等级对应，具有显著的等级性。不同行政等级城市对应不同的高铁客流量，区域市场高铁客运量呈现出显著的等级结构。整体来看,高铁网络下的客源市场格局有以下四个特征:一是客运量较高的城市集中于经济发达的东部城市群地区。二是高铁枢纽地位显著,高班次城市密集。其中,长三角城市群高铁班次占全国高铁班次总量的22.4%,珠三角城市群和京津冀城市群高铁班次占比均为6.4%,差异较大。三是高班次城市仍然集中于东部经济发达地区,尤其是城市群地区。从局部城市群来看,高铁客运量呈现三种不同类型的空间格局,分别是中心城市极化型、多核心均衡型、低水平发展型。中心城市极化型是指以区域单个中心城市为主要交流对象的高铁客运量格局,主要是位于东北地区和中西部地区的高铁城市群。多核心均衡型是指以区域内多个中心城市为主要交流对象的高铁客运量格局,主要是位于长三角、珠三角、海西、京津冀地区的高铁城市群。低水平发展型是指城市高铁客运量相对有限,普遍较低的高铁运量格局,主要是位于西北地区的高铁城市群。

2.5

客源市场开发策略研究

2.5.1　近、中、远程客源市场共性化开发策略

2.5.1.1　完善高铁网络布局,促进区域经济协调发展

高铁与区域经济发展之间相互促进、相互影响。一方面,高铁大幅度缩短了区域之间、城乡之间的时空距离,加速了人员往

来和经贸交流，是推动区域经济社会发展的强劲引擎。另一方面，区域经济协调发展又是高铁客流稳定增长的重要保障。区域经济协调发展保障高铁客流稳定增长的作用体现在两个方面：一是区域经济协调发展促进了高铁客流需求增加。区域经济发展到一定阶段，人口和产业集聚，经济规模不断扩大，交通运输需求不仅在总量上持续增加，并且质量也得到了不断提高，客运越来越重视运输服务的安全性、舒适性、准时性和便捷性，由原来的"走得了"向"走得好"转变，人民日益增长的美好出行需要完美契合了高铁的技术经济特点。二是区域经济协调发展为高铁网络的形成与完善提供了支撑。通过保障资金供给和提升技术水平，促进高铁基础设施投资的增加。未来高铁网络规划形成以"八纵八横"主通道为骨架、区域性高铁衔接、城际铁路补充的网络结构，即连接主要的城市群，基本连接省会城市和其他50万人口以上的大中城市，实现省会城市高铁通达、区际之间高效便捷相连，促进区域经济协调发展，同时保障高铁客流稳定增长。

2.5.1.2　创新高铁与第三产业融合模式，推动"高铁+旅游"新业态有序发展

通过前面的研究可知，高铁网络对第三产业的影响最显著，也最深远。作为具有准公共物品性质的高铁网络系统，在建设、运营服务的过程中，使一个城市或者城市群获得正的外部社会效益和经济效益，但其自身没有获得相应补偿。依据区域第三产业总体规划和高铁建设专项规划，创新高铁与第三产业融合发展模式，促进高铁与物流、旅游、信息等相关产业联动发展，打包开

发，使高铁网络外部性内部化，促进高铁客源市场开发。以"高铁+旅游"业态为例，从以下三个方面分析旅游地高铁客源市场开发策略：一是高铁的开通提高了旅游地的客源市场半径，增加了客源市场的吸引力；二是注重高铁旅游产品开发；三是完善高铁站旅游集散中心建设。在高铁站规划设计和后期的建设中，预留相应空间，建立便捷的高铁旅游集散中心，在城市公共交通的基础上，构建高铁站到城市旅游服务中心、高铁站到旅游景区交通集散中心和旅游交通专线及汽车租赁服务系统，提供便捷的旅游信息咨询服务，从而实现高铁站与旅游目的地的无缝对接，促进高铁客源开发。

2.5.1.3 完善各种运输方式协调发展机制，提升综合交通协同效应

完善各种运输方式协调发展机制，提升综合交通协同效应，是促进高铁客源市场开发的重要举措。首先，加强不同运输方式协同发展的统筹规划，制定统一的交通管理制度及标准规范；其次，构建综合、立体的交通网，完善、优化综合客运枢纽及其换乘系统；最后，合理设计换乘设施布局会直接影响车流和人流的行走路径，能够避免交通拥堵情况的发生，从而大大缩短整体集散、换乘时间，提高旅客出行的满意度。根据不同时段上客区和落客区的不同客流密度，应实施差别化的换乘衔接设施配置，区别进出站客流在时间分布上的差异，可以实现换乘系统设施配置的有效性和针对性，从而提升综合交通协同效应，促进高铁客源市场开发。

2.5.1.4 深入推进高铁供给侧结构性改革，着力提升客运服务质量

推进"智慧+高铁"的深度融合发展，完善高铁创新产品体系。推动客票服务系统的数字化、智能化转型升级，持续加强用户体验、增强系统安全性、提升高铁吸引力和竞争力，以物联网、人工智能、5G 等先进技术为基础，围绕旅客出行全过程提供个性化、一站式的智慧化客运服务，增强客票新业态下的辅助决策能力，提升收益经营智能化水平。建立"因人而宜、因人而易、因人而异"的旅客智慧出行服务体系，满足旅客出行差异化服务需求，提升高铁客运服务质量。创新高铁列车供给方式，创新中转接续产品开发，持续扩大高铁有效供给，形成以干线、城际、市域为骨干的高铁运输体系，高铁内部不同客运产品之间合理分工。创新客车"一日一图"动态调整方式，完善客运市场调查分析监测机制，根据客流规律变化，实行分阶段动态调整方式，灵活开行、灵活编组，不断优化列车开行质量。

2.5.2 近、中、远程客源市场个性化开发策略

2.5.2.1 高铁近程客源市场开发策略

一是加强高铁与城市公共交通衔接，提高相对于公路交通的比较优势。高铁近程客源的出行目的以通勤、通学、商务、探亲、旅游为主，由于公路运输具有班次灵活、可以实现"门到门"的运输等特点，高铁近程客源面临公路平行路径的激烈竞争。因此，应加强城市公共交通衔接，促进城际铁路与城市公交、城市轨道交通及城市出租车的一体化衔接。引导各种交通运

输方式制定统一的安检标准及规范，从制度层面为不同运输方式的安检互信提供保障，可有效地节省旅客的换乘时间，提高各种交通方式的接驳效率，规避高铁在近程客源市场上相对于公路运输的灵活性及"最后一公里"方面的劣势，充分发挥高铁在快速性、舒适性和准时性方面相对于公路运输的明显优势，吸引公路客流选择高铁短途出行。

二是提升高铁与公路接驳效率，促进两种客运方式协同发展。高铁的运行必然会忽略部分中小站点的旅客，同时铁路非沿线地区与铁路站点之间存在大量的客运需求，这些地方需要公路客运主动接驳铁路客流，设立高铁站点的城市也需要公路客运的无缝对接。因此，开通接驳高铁站点的高铁线路，实行公铁区域的有效合作，成为公路客运与高铁客运协同发展的重要策略之一。两者的合作关系体现在，高铁的高通达率为公路客运吸引更多的客运需求，公路客运也能为高铁提供集散客流的服务。

三是推进城际铁路建设和运输产品创新，提升近程高铁供给水平。首先，积极推进城际铁路建设，加快打造轨道上的城市群，提升近程高铁的运输能力。其次，通过增加列车开行密度，降低节点间旅客的换乘次数及候车时间，采取小编组节拍式开行方式，创新高铁运输组织，吸引公路客流选择高铁短途出行，可考虑在城市群中售卖直通票、点对点联程票、地区通票等。再次，加快高铁无轨站和城际车站建设，推动不同交通方式的站场集中布局、空间共享。最后，完善服务体系，建立正点保障和晚点处理机制。由于近程客源市场存在较多的通勤和商务人士，能否准时到达目的地是影响其选择出行方式的重要因素。

2.5.2.2 高铁中程客源市场开发策略

一是构建高铁客运综合服务优势，拓展中程高铁延伸服务。前文的研究显示，中程旅客中有相当一部分是旅游者。对比国外的高铁运营现状不难发现，购买高铁票的延伸服务相对较多，旅客在购买高铁票后可享受到延伸服务。与此同时，满足旅客需求的延伸服务又进一步促进了高铁票的发售。可考虑将高铁票与当地的旅游交通组合销售，旅客购买的高铁票可作为"旅游优惠证明"，目的地的景观列车、游览巴士、登山缆车、游湖（河）轮船、跨海渡轮等可针对持有高铁票的旅客提供一定的优惠，额外优惠项目可根据旅客所持票种而有所不同。如持瑞士国铁火车票除了可搭乘国营列车之外，瑞士境内大部分的游湖轮船、市内巴士、电车及长途巴士亦可无限制搭乘；德国国铁火车票可用于乘坐德国境内的大部分巴士。

二是充分发挥高铁的自身优势，实现中程客源综合收益最大化。根据前文针对旅客行为的研究发现，客流的季节性波动明显，其中旅游是重要因素。不同省份的地理位置、气候和文化风俗不同，波动的周期和幅度也不一样。旅游淡旺季客流波动规律明显，为满足客运市场的需求，可按照客流时段（根据客流预测和既有年度客流规律划分，包括季时段与周时段两种）特征编制运行图。由于中程客源市场旅客需求受地理位置的影响较大，各个区域旅客出行频率不同，因此可以采取区段定价法。如果列车在某区段的上座率较低，或者该区段与其他运输方式竞争激烈，则可以选择降价以吸引更多的旅客，从而达到增运增收的目的。如果列车在某区段的运输需求较大，但铁路运能有限，因而运输需求无法得到满足，在考虑乘客的价格承受能力的前提下，可以适当提高票价，以进行合理的分流，既减少了运载量又增加了收入，使铁路运输效益达到最大化，同时可以达到扶持当地经济的效果。高铁企业可以采用微信公众平台、微博、官方网站等方式，为高铁客运开设宣传专栏，凭借新媒体强大的活动性和信息的高速传播优势，让高铁客运信息快速传播，尽可能地降低企业宣传成本。高铁媒体可以凭借自身的营销能力，为乘客打造个性化营销，在建立品牌的同时实现与消费者间的情感连接，有利于高铁品牌的传播。

三是稳步推进区域性高铁建设和运输服务创新，提升中程高铁供给能力。首先，有序推进区域性高铁建设，不断拓展高铁覆盖面，满足中程客源日益增长的美好出行需要；其次，提供差异化客运产品，满足不同类型旅客的出行需求；最后，提升服务质量，缩短站外可达时间，保证正点率。中程客源市场旅途耗时较长，提高舒适度有助于提升旅客的满意度。

2.5.2.3 高铁远程客源市场开发策略

一是发挥高铁站的区位优势，提升高铁在远程运输中的竞争能力。在远距离旅客运输方面，客源以商务流、旅游流为主，高铁与民航以各自的技术优势吸引旅客，分割运输市场份额。对比高铁与民航运输的技术经济特征可以发现，两者的技术经济特征存在重合区域，这决定了两者间不仅存在竞争性，还存在替代性和互补性。要充分发挥高铁站离市区近或在市区内的区位优势，通过高铁与城市公共交通换乘方案的优化，将城市快速公交、城铁等接入高铁站，加强与汽车站、地铁等的合作，进一步培育高铁远程客运市场的需求，将换乘接驳时间节约转化为高铁在长远距离上的竞争优势。与此同时，还可考虑高铁与航空公司的代码共享，在任何一家合作的航空公司网站上预订机票时，可同时为旅客提供购买高铁票的服务。如1999年，AIRail由德国法兰克福机场、德国汉莎航空公司和德国铁路股份公司合作推出，这种列车与飞机之间的定时协调将为旅客提供最短的换乘时间，在整个行程的开始阶段，旅客即可提前办理在车站的进站上车手续与所衔接的航班的登机手续。该服务还包含一些更为高级的项目，如托运行李、座位预订等。

二是加强高铁与民航合作，共同培育远程客源市场。虽然高铁与民航提供的运输产品在远程客运市场上趋于同质化，具有强烈的可替代性，但两者仍存在对方不具备的优势领域。高铁与民航联合服务长距离运输，能够有效地弥补单一运输方式供给特征的缺陷，综合发挥不同运输方式的技术优势，满足旅客差异化、多样化的出行需求。在某些区段高铁与航空运输之间也可以相互依托，推进高铁与民航联运合作，共同完善联运基础设备设施，创新高铁与民航联运产品，提升高铁与民航联运服务，扩大高铁与民航信息共享，促进共同发展，促进高铁与民航的横向竞争关系向纵向对接关系转化，使旅客得到更好的体验。而好的旅行体验必将刺激更多的民众选择高铁、民航出行，协同开发远程客源市场。

三是提升高铁长大干线建设运营管理水平，增强高铁远程客源吸引力。首先，有序推进高铁长大干线主通道建设，提升高铁主通道、区域性高铁、城际铁路、普速铁路及城市轨道交通的网络化水平；其次，在与航空竞争激烈的路段高铁可以采取"直达式"开行方案，增加"夕发朝至"列车，压缩旅行时间，依托高铁输送能力大、正点率高、不受天气状况影响的优势，在长途客运方面与航空客运进行竞争，并且深耕更高速度级的产品，以更优质的服务抢占市场份额。

3

高铁网络全域旅游
发展战略研究

3.1

高铁网络旅游资源体系的构建

本节对高铁网络旅游资源进行了分类研究，构建了高铁网络旅游资源体系，如图 3.1 所示，并对旅游资源进行了评价，通过 GIS 分析了高铁网络影响下旅游资源体系空间格局的演化特征。

高铁网络旅游资源体系包括高铁内部旅游资源体系以及与高铁网络关联的旅游资源两部分。本书选择 AAAAA 级旅游景区作为与高铁网络关联的旅游资源。

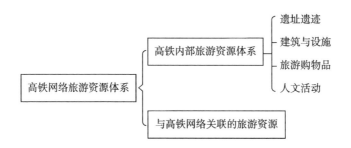

图 3.1　高铁网络旅游资源体系

3.1.1　高铁内部旅游资源体系

铁路部门需要建成高铁旅游的独特资源体系，结合 2017 年国家质量监督检验检疫局颁布的《旅游资源分类、调查与评价》[①]，将旅游资源分为自然资源和人文资源两大类。铁路旅游资源属于人文旅游资源，是与铁路相关的人文资源，可将其分为遗址遗迹、建筑与设施、旅游购物品、人文活动四大类，如表3.1所示。

3.1.2 与高铁网络关联的旅游资源

与高铁网络关联的旅游资源指的是铁路沿线的自然旅游资源或人文旅游资源，包括风景或目的地，与高铁线路在空间上具有邻近关系，具有一定的可达性。在合理的距离内，高铁站能够覆盖较大数量的景区是高铁网络辐射和带动周边景区发展的重要条件。

为此，选取30千米作为半径，以高铁站点为核心做30千米的缓冲分析。

通过全国高铁站和AAAAA级景区之间的空间关系分析，在高铁站30千米范围内能够覆盖113个AAAAA级景区，覆盖率为40.35%，覆盖率低于50%，但还有较大的提升空间。

为了发现我国高铁哪些区段还能或值得为景区发展增设新的站点，以高铁线为轴线，以30千米作为半径做缓冲分析。

通过全国高铁线和AAAAA级景区之间的空间关系分析，在高铁线30千米范围内能够覆盖184个AAAAA级景区，覆盖率为65.71%，覆盖率较高，相比已经覆盖的景区，还有25.36%的提升空间。其中，东北地区和西部地区的提升空间最大。

---

① 国家质量监督检验检疫局. 旅游资源分类、调查与评价 [M]. 北京：中国标准出版社，2017.

表 3.1　铁路人文旅游资源体系

主类	亚类	基本类型	资源点举例
E 遗址遗迹	EB 社会经济文化活动遗址遗迹	EBA 历史事件发生地	京汉铁路工人大罢工遗址
		EBD 废弃生产地	重庆大渡口长征厂
		EBE 交通遗迹	"广西最美铁路"合山 28 号铁轨、成昆铁路利子依达事故遗迹
F 建筑与设施	FA 综合人文旅游地	FAI 军事观光地	丹东铁路抗美援朝博物馆
		FAD 园林游憩区域	杭州白塔铁路公园、沙县铁路公园
	FB 单体活动场馆	FBC 展示演示场馆	中国铁道博物馆、中东铁路博物馆、沈阳铁路博物馆
	FC 景观建筑与附属建筑	FCK 建筑小品	指路标牌、说明牌、图片
	FD 居住地与社区	FDC 特色社区	横道河子小镇
		FDD 名人故居与历史纪念建筑	詹天佑故居
	FF 交通建筑	FFB 车站	南京西站、浦口火车站
		FFA 桥	南京大胜关长江大桥、郑州黄河公铁两用桥
G 旅游购物品	GA 地方旅游购物品	GAE 传统手工产品与工艺品	铁路模型、铁路勋章、旅游纪念品
		GAG 其他物品	《中国铁路百年老站》《铁路名词表》《京张铁路工程纪略》
H 人文活动	HA 人事记录	HAA 人物	詹天佑
		HAB 事件	洋务运动后修建的唐胥铁路、詹天佑修建的京张铁路
	HE 会议活动	博览会	佛山·禅城旅游文化周暨高铁经济带旅游博览会
数量统计	9	16	—

🐉 3.1.3　高铁网络影响下的旅游资源体系空间格局演化特征

3.1.3.1　高铁网络对旅游资源体系的空间影响效应

高铁对沿线旅游资源体系的影响主要是外部关联资源的影响，表现为极化效应、扩散效应和网络化效应，是高铁在不同的发展阶段对旅游资源空间体系带来的影响。极化效应往往出现在高铁建设的初期阶段，到中后期扩散效应和网络化效应则逐渐呈现。

高铁的开通初期以极化效应为主，即高铁的建设进一步强化了开通高铁的旅游城市在旅游交通网络和城市体系网络的旅游中心地位，将处于弱势地位的次级节点城市抛在一边。最终结果是"核心"旅游城市与"边缘"旅游城市的差异更为突出。中期在旅游产业梯度的作用下，周边区域的旅游生产要素在空间分布上产生差异，核心旅游城市的旅游产业日趋成熟，旅游产业开始向沿线一些中小型城市扩散，这一阶段以旅游扩散效应为主。到了远期这种扩散效应将达到极致，高铁沿线的旅游资源将得到充分的利用。随着交通的迅速发展，高铁沿线的旅游中心城市将不断增长并且扩大其腹地，与相邻的都市区产生耦合，并在功能和结构上重组，旅游目的地城市将会形成连绵的旅游走廊或旅游带。

3.1.3.2　旅游资源体系空间格局的演化特征

第一，高铁沿线旅游城市将增长并扩大腹地，相邻旅游城市将发生耦合现象。第二，在沿线旅游城市内部形成同城化效应，极化与扩散同在。在大运量快速交通的支撑下，两个城市可以在休闲旅游、商务旅行、会议展览等方面建立广泛的分工合作关系。这样的分工使两地旅游市场基本融为一体，形成旅游同城化功能区。第三，高铁带来的时空压缩现象引起沿线旅游城市内部的旅游资源体系的空间重构。

3.1.3.3 我国高铁旅游资源体系空间格局的发展趋势

首先，长三角地区是高铁旅游资源密集区。长三角地区是高铁周边游的主阵地，这些城市高铁网络较为完善，旅游资源比较丰富，高铁与旅游资源的关联度较高。其次，华南地区成为高铁旅游资源的延伸区。经济发达的一、二线城市依旧是高铁游的主要客源地，这些城市发达的高铁网络也是重要的助推力。此外，2017年宝兰、兰渝、西成等铁路开通后，也带动了兰州、西安等中西部地区居民的高铁出游热情。最后，中西部地区成为高铁旅游资源的带动区。尤其是上海、武夷山、重庆、长沙、兰州等成为高铁国内长线游的十大热门目的地。

综上分析，应考虑建立旅游区域内部及跨旅游区的旅游资源整合机制。第一，优化政策环境，为区域旅游资源的整合提供组织保障，政府应当牵头建立合作体系，通过制度化的管理委员会协调，定期沟通与联络，统一规划和开发区域旅游资源，最终达成有着共同目标的合作。第二，整合区域内旅游资源，形成合理的区域旅游合作空间格局。第三，随着旅游者的需求日趋多样化，区域合作发展需要升级和更新传统的旅游资源体系，要结合自身资源优势，积极捕捉新的旅游市场趋势，培育新的旅游资源体系，包括丰富会展旅游资源体系、建立完善的散客服务体系、打造"互联网+旅游"产业。第四，统一区域旅游形象，实现区域旅游资源统一包装和整体营销。整体营销能提高营销的效率和效果，为此有必要确定符合各区域特色的区域旅游主题形象，设计形象标志。

3.2
相关行业市场开发经验借鉴

3.2.1 航空旅游对高铁旅游的启示

我国航空旅游市场与高铁旅游市场有很多的共性，通过学习航空旅游市场的开发经验，有利于高铁旅游的进一步发展。因此，对我国的高铁旅游提出以下几点建议。

（1）完善基础服务设施建设。充分利用高铁站客流量大的优势，加大对旅行咨询服务和旅游集散中心的建设投入，为游客提供详细的公共信息和旅游信息咨询服务。加大对旅游的推广与票务代理等服务力度，大力改善和提升交通基础设施条件。

（2）紧扣旅游市场，推出专项旅游活动。航空公司可以与旅游相关企业或部门推出受欢迎的旅游航线，开发配套旅游产品。既能帮助航空公司留住游客，增加企业收入，又能提高旅游目的地与旅游资源的知名度。

（3）分析市场需求。需提前对线路进行市场调研，分析市场的需求，同时，明确高铁线路的主要客源，使高铁车次的安排更加合理，以免出现客源流失现象以及不必要的旅游资源浪费。在旅游旺季应尽量增加高铁车次，尽最大可能满足游客的需求。

（4）整合现有的旅游资源。对旅游市场进行细分，结合自身的优势条件，对现有的客源、市场以及自身的资源进行整合、分析，并从中寻找客户，寻求开发不充分的部分以及潜在的旅游资源。紧密连接区域旅游资源，充分发挥旅游资源的价值。将各具特色的旅游景点与中心城市、旅游景点与景点间连接起来，形成高铁网，会促使旅行社根据高铁行驶路线推出新的高铁旅游线路和产品，区域旅游资源也可以得到更好的整合。

（5）增加与私营企业合作机会。推动增加与私营企业融合发展机会，使高铁旅游发展带动周边经济发展。在高铁旅游配套设施、旅游服务等方面，增加与私营企业的合作。这种合作不仅可以提高高铁旅游质量、给游客带来更加丰富的旅游体验，还可以增加就业机会，使当地居民获得文化自豪感与经济收益。

3.2.2 邮轮旅游对高铁旅游的启示

3.2.2.1 丰富高铁旅游产品结构

一是高铁旅游产品的开发。依托铁路部门现有的旅游资源、高铁站点的服务资源以及铁路相关文化活动，开发形式多样的高铁旅游产品，完善高铁旅游产品消费、类型、时间结构，满足不同游客的需求。二是高铁旅游线路的开发。综合非铁路部门拥有的其他旅游资源，即与各城市的旅游部门协作，充分利用其他城市的人文旅游资源，开发多条集不同风光的高铁旅游线路。

3.2.2.2 加强高铁旅游市场宣传和营销

在宣传方面，第一，借助传统媒体，在高铁站、机场、地铁站等人流量集中地区进行动静结合的高铁旅游产品和线路的宣传；制作宣传手册供游客自取阅读；开设增加互动的体验店。第二，利用高铁自身的媒介作用。第三，借助互联网技术，积极与具有影响力的综艺、电影、电视栏目合作，同时开通抖音、快手、微博等官方账户，借助用户集中度高的自媒体平台进行宣传，提高高铁旅游的知名度。在高铁旅游市场营销方面，中国铁路集团总公司可联合旅游景区打造高铁旅游列车与景区的共有品牌；在部分旅游线路上做到列车周期性开行，培育游客乘坐高铁旅游列车出行的消费习惯。

3.2.2.3 旅程联运与一体化经营

高铁覆盖区域相对有限，为实现游客出行过程的方便、快捷，有必要发展高铁联程运输产品，实现将高铁与其他交通方式顺畅衔接。以游客为中心，以高铁及高铁媒体为载体，整合互联网、移动互联网、目的地城市和景区、租车公司、酒店以及当地旅行社资源，形成立体交叉、无缝式、全方位旅游服务模式。具体形式包括硬件上的"零换乘"和软件上的"一站式"出行服务，向游客提供基于互联网终端的旅游行程策划、联程票务处理及其他增值服务。按照与高铁衔接的交通方式，高铁联程运输产品可以细分为"高铁+普铁""高铁+民航""高铁+大巴""高铁+租车"等模式。

3.3

高铁旅游产品体系研究

运用旅游产品相关定义与理论，从理论层面界定了高铁旅游产品体系。并通过对高铁旅游服务体系理论的梳理，明确了高铁旅游产品体系的基本特性；从宏观层面上构建了高铁旅游产品体系、基本框架，并对高铁旅游产品体系发展战略进行了研究。最后选取长三角和京津冀为案例，对高铁旅游产品体系进行微观研究，提出我国高铁旅游产品体系发展策略。

3.3.1 高铁旅游产品体系发展策略

3.3.1.1 打造中长干线高铁旅游产品

一是积极发展经济发达地区和景区密集地区间的跨局高铁旅游专线产品，推动高铁旅游主要客源市场和高铁沿线主要旅游目的地之间增开高铁旅游专列。二是加强高铁旅游专列产品创新，丰富旅游专列产品类型。三是打造特色车厢，改善高铁旅游专列车上的服务设施。四是提升高铁旅游专列的司乘服务质量。要加强对旅游列车工作人员的专业培训，提高服务质量，改变服务水平参差不齐的局面。

3.3.1.2 开发省内/铁路局管内的高铁短途游产品

一是在出行目的方面，要以休闲度假和观光旅游消费需求为主，探索进行联合开发和全产业链运营。二是在目标人群选择方面，要以青年市场和家庭亲子市场为重点，开发个性化的餐饮、娱乐产品。三是在消费能力方面，要面向中高学历人群市场，开发差异化、高品质服务产品。

3.3.1.3 完善高铁旅游线路的产品开发

要加强与沿线地方政府、专业旅游机构以及其他运输单位开展合资合作，充分整合高铁沿线旅游资源，根据不同时间、主题、活动、客源等设计高铁旅游线路。

一是优先开发京沪线、京广线、京哈线、哈大线和沪昆线等高铁旅游线路。二是开发多式联运旅游线路产品。积极寻求与其他交通部门的合作，联合开发"航空+高铁""游轮+高铁""特快+高铁"等多种交通方式组合的旅游线路。三是与地方旅游管理部门合作开发铁路专项旅游线路。国内已经开发的"动车千里行一日江城游""广东双休一日游""长隆野生动物园二日游""乘高铁游长韶二日游""乘高铁泡温泉"等铁路旅游线路取得了较好运营效益。要按照客源互换、资源互享、信息互通的原则，以高铁为轴线，破除行政壁垒，完善区域合作机制，推动各铁路局集团和相关企业在交通组织、线路产品体系、品牌影响、市场培育等领域加强合作，构建高铁旅游开发合作联盟。

3.3.1.4 积极发展"高铁+旅游"新业态

一是发展"高铁+酒店"产品，重点是发展"高铁+民宿/客栈"。二是积极发展"高铁+景区"产品。鼓励各景区面向高铁游客给予门票减免或折扣优惠，将高铁票作为优惠凭证给予相应的折扣。三是发展"高铁+购物"产品。把"高铁+购物"作为高铁的核心品牌来打造。将"高铁+购物"概念打造好，有助于未来高铁站车旅游购物品开发经营的系统化、网络化、品牌化发展。四是发展"高铁+餐饮"产品。高铁游客去往目的地时，多会选择当地最有特色的餐饮类型。五是发展"高铁+租车"产品。要鼓励发展"高铁+租车"业务模式，在高铁站设立汽车租赁点，也可以与市场化的汽车租赁公司合作，为高铁游客提供自驾车租赁服务。

3.3.1.5 加强高铁旅游全产业链服务能力的产品开发

第一，提供全程一体化的服务，包括行前的购票服务、出行前的约车送站和出行候车服务、送到站台的服务、火车上的服务，以及到站约车接站服务。第二，根据乘客需要提供更加多元化的有当地特色的餐饮、购物服务，发展"网络订餐+特产"服务。第三，利用高铁车内设施和载体，为旅客提供更加全面的目的地的旅游信息，提供目的地热门景区的折扣门票、交通换乘信息等。第四，发展高铁贵宾厅服务，提供到站接车、VIP 休息厅、餐饮、快速安检、快递等服务。第五，提供行程信息提醒服务，包括车票、候车室、检票口、目的地天气和旅游信息。第六，增加行李托运服务。

3.3.2 京沪高铁旅游产品设计与开发研究

3.3.2.1 京沪高铁旅游功能性定位

根据以往专列旅游的定位与京沪高铁的发展趋势和特点，京沪高铁旅游产品可设计为生态观光、休闲度假、商务会展以及文化之旅等。

3.3.2.2 京沪高铁旅游总体空间结构划分

旅游业的横向结合以及圈层式发展已成为当今旅游经济增长的重要策略和发展模式，结合旅游的文化资源形成、发展、演变等，可将京沪高铁旅游地划分为以四个主要旅游圈为主的空间结构（见表3.2），旨在加快经济一体化进程，实现区域旅游经济发展合作。

表 3.2　京沪高铁旅游地划分

区域	功能区域	主要旅游资源
京津区	中华文化旅游圈	以北京为中心，有京剧文化、胡同文化、武术文化、历史文化等
山东区	山水圣人旅游圈	以济南为中心，有济南的泉水旅游文化，泰安的泰山文化，曲阜的三孔文化，青岛的啤酒文化、海洋文化等
苏北皖中区	红色革命旅游圈	以南京为中心，有梅园新村纪念馆、雨花台烈士陵园、侵华日军南京大屠杀遇难同胞纪念馆、渡江胜利纪念馆，山东枣庄的鲁苏皖红色旅游区、铁道游击队纪念园，江苏徐州的淮海战役烈士纪念塔以及纪念馆等
长三角区	都市休闲度假圈	以上海为中心，有都市文化、水乡古镇文化、江南园林文化等

3.3.2.3　京沪高铁旅游精品路线设计

设计高铁旅游线路时，要尽可能地选择高级别旅游资源作为旅游目的地，同时开发具有潜在旅游资源的城市，根据京沪高铁沿线停靠城市的特色，可提炼、设计出如表 3.3 所示的四条精品线路。

表 3.3　京沪高铁精品线路

主题项目	主题路线
乡土风情游	上海—无锡—常州—济南—青岛—天津—北京
美食购物游	上海—南京—枣庄—德州—沧州—天津—北京
文化寻古游	上海—苏州—南京—曲阜—枣庄—廊坊—北京
红色革命游	上海—南京—滁州—徐州—枣庄—泰安—德州—北京

3.3.2.4 京沪高铁旅游产品开发建议

（1）打造复合型沿线高铁旅游产品。高铁旅游应准确定位为高端的休闲度假产品，以专项、会展、商务等深度产品吸引消费群体，提高产品的文化性、参与性，形成丰富的产品簇群。根据市场需求，扩展与延伸京沪高铁沿线旅游产品的深度与广度，实现观光型旅游产品向复合型旅游产品转化。

（2）加快新型旅游营销转型升级。京沪高铁给沿线旅游目的地客源流向、资源空间布局等带来了巨大转变，因此要加快沿线旅游目的地营销整合，进行区域间合作，打造具有鲜明特色的高铁旅游产品。应开通网络营销系统，沿线各旅游目的地可实行团购旅游营销方案，推出适合周末的短线旅游产品。

（3）推进沿线旅游产品整合。京沪高铁沿线地区旅游产品开发应打破行政区划的限制，根据不同区域之间的相关性和差异性，整合旅游资源，联合开发旅游产品和设计旅游线路，进行统一的旅游策划和包装宣传，实现连点成线、以线带面的共赢发展模式，充分发挥节点城市和目的地城市的旅游集散枢纽功能，形成独特的高铁临站旅游集散区，实现高铁与汽车运输等的无缝对接。

3.4

高铁网络旅游运营管理体系研究

本节全面分析了高铁网络时代对我国旅游业发展产生的影响，并客观分析了高铁旅游的现状与不足，系统地提出了我国高铁全域旅游发展战略、战略目标与任务，以及运营管理体系的解决方案。

3.4.1 我国高铁旅游发展现状

我国高铁旅游发展态势良好，具有雄厚的发展基础条件。一是自带巨大的流量资产，为未来乘客转化为游客提供了绝佳的流量入口。二是高铁旅行社具备成为全球最大旅游运营商的条件。三是线下销售网点资源丰富，为未来铁路线上线下旅游平台建设奠定了不可比拟的优势。四是高铁网与我国的旅游资源及旅游目的地的匹配度很高，高铁与旅游融合度高。五是高铁旅游业呈快速增长趋势，已引起业界关注。

3.4.2 我国高铁旅游发展中存在的问题

我国高铁旅游的不足之处有以下几点：第一，旅游经营发展模式单一，旅游产品缺乏核心竞争力，国家铁路部门还没有与旅游部门形成良好的合作；第二，旅游发展缺乏区域合作意识，旅游产品独立性较强；第三，旅游产品陈旧，缺乏创新性；第四，对游客需求划分不明显，高铁旅游产品形式单一；第五，旅游设施不完善，无法给予游客良好的旅游体验；第六，高铁与旅游融合度不够；第七，高铁旅游品牌化不够。我国铁路旅游在国际市场上没有统一的形象，缺乏有优势的品牌。

3.4.3 战略目标与任务

3.4.3.1 总目标

我国铁路旅游的市场潜力可以达到万亿元级，通过估算铁路综合旅游服务市场的价值高达 11691.88 亿元①。我国高铁旅游发展的总目标为持续提高铁路客运的游乘比，把乘客流量资源转变为旅游流量资产，把铁路旅游业务培育成为高铁战略业务单元（SBU），成为全球最大的旅游运营商。持续改善和优化高铁业务结构，推动"后工程时代"铁路行业平稳转型发展和可持续发展，打造最佳的旅游综合服务商。

3.4.3.2　具体目标

针对铁路旅游市场化水平较低，部分铁路旅游资源和资产闲置，以及铁路旅游产业链和旅游链不完整的特征，未来铁路旅游发展的主要目标为：一是促进改革创新，提高市场化水平；二是盘活公司内部旅游资产，整合公司外部旅游资源；三是建设铁路旅游平台，建设"无障碍"的铁路旅游服务体系。

3.4.4　高铁网络全域旅游运营管理体系构建

新时代我国铁路应实施"1+4"全域旅游发展战略："1"是指建设一个"中国铁路旅游平台"（基于大数据的高铁网络智慧旅游系统），"4"是指建立"高铁网络旅游资源体系、高铁网络旅游产品与服务体系、高铁网络旅游产业生态体系和高铁网络全域旅游运营管理体系"，如图 3-2 所示。

我国旅游进入新时代，以高铁、5G 技术、12306 信息平台等形成的大数据，我国 4 亿中等收入人群以及我国万里国土空间，擘画了世界上独一无二的铁路旅游新场景。我国铁路旅游面临前

---

① 2018 年人均国内旅游消费为 913 元，若铁路旅游运营管理体系形成，913 元/人×33.7 亿人×38% = 11691.88 亿元。

所未有的机遇、条件和使命，在未来 10~20 年的成长期内，依托流量入口、客运网络、国家品牌三大核心竞争力优势，在大数据技术支撑下，可以成为我国旅游全业务生态链的战略组织者，如图 3.3 所示。因此，铁路旅游可成为我国铁路发展的重要战略业务创新，应全力推进。

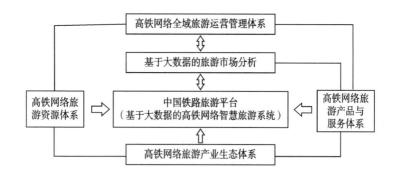

图 3.2　高铁网络"1+4"全域旅游发展战略

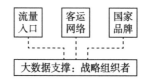

图 3.3　我国大众旅游背景下高铁旅游板块战略组织者地位

中国国家铁路集团有限公司（以下简称"国铁集团"）发展旅游业务的关键是把旅游业务从现有的业务中剥离出来，整合国铁集团旗下的铁路旅行社、铁路宾馆（招待所）、铁路博物馆、铁路文化遗址等既有的旅游资源，打造成为一个独立的战略业务单元（Strategical Business Unite，SBU）（见图3.4）。搭建超级平台，整合无忧出行、住宿、餐饮等业务，联合旅行社、酒店、餐饮、广告等，拓宽高铁旅游板块，形成完整的生态链。依托铁路旅游资源形成独特的品系，并加大对于高铁旅游的宣传与营销，塑造高铁旅游品牌。

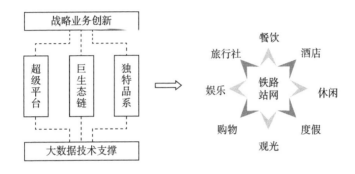

图 3.4　高铁旅游战略业务创新

3.4.4.1　中国铁路旅游平台（基于大数据的高铁网络智慧旅游系统）建设

中国铁路旅游平台的建设首先需要铁路旅游大数据的基础研究以及以大数据中心做支撑。建设内容包括铁路旅游大数据应用谱系、铁路旅游大数据融合技术研发、铁路旅游大数据分析技术研发、铁路旅游大数据标准体系、铁路旅游大数据政策与组织机制建设、全球铁路旅游大数据中心建设等，并基于大数据对外形成高铁旅游服务综合信息平台。

建设基于大数据的铁路旅游平台。建设线上云服务平台，对接 12306 关联数据，整合线下铁路售票点、铁路旅行社、铁路旅游资源，形成线上线下铁路旅游互联网平台支撑铁路旅游全产业链服务、营销以及管理的线上平台体系，并配套共享共建机制以及技术方案，如图 3.5 所示。超越传统的在线旅游（Online Travel Agency，OTA）企业，发挥物流优势，构建"车上车下"铁路旅游物联网平台，形成高铁站、铁路旅游集散的接驳系统，自驾车租赁系统，送餐系统，购物系统和旅游吸引物的互联互通。

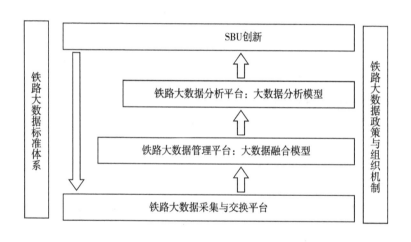

图 3.5　铁路大数据采集与交换平台

3.4.4.2　高铁旅游资源体系：我国铁路旅游资源与资产调查与评价

目前，高铁旅游资源还没有开展旅游资源普查专项工作，为此建议对铁路内部旅游资源和外部关联旅游资源进行一次普查，并进行数字化转化，形成铁路旅游资源库。在此基础上，对高铁沿线的旅游资源利用适宜性评价与旅游需求调查，建立我国铁路旅游资源与需求大数据库，创立科学的适合旅游资源评价的指标体系，对资源可以开发利用的程度进行适宜性评价，对利用类型进行分类研究、保护与开发。同时启动对高铁沿线旅游偏好、旅游感知评价等旅游行为的调查，为未来高铁沿线旅游资源的开发时序提供决策参考。由此从可利用性和开发时序两个视角建立旅游资源开发与利用时序和谱系。与此同时，开展国铁集团内部旅游资产清理，并建立住宿、旅行社等中国铁路旅游资产大数据库。最终形成资源库、资产库和市场需求数据库，并通过对"三库"的匹配分析进行资源开发决策。

3.4.4.3　高铁旅游产品与服务体系：新时代中国铁路旅游产品开发与无障碍转乘服务体系建设

基于资源和市场需求构建高铁旅游产品体系，包括高铁旅游景区产品（依托实体旅游资源开发的产品，如铁路博物馆、名人名事、火车厢露营地等）、高铁旅游服务产品、高铁旅游活动产品（如詹天佑铁路文化节、铁路旅游过大年、铁路春运文化节等）和高铁旅游线路产品。

推动高铁旅游服务产品创新，建议建立独立的旅游票务销售系统；特制专门的高铁旅游火车票，以便于把游客从旅客中识别出来。针对不同的出游方式和出游规模，推出旅游专列、旅游车厢、旅游专座等定制化的旅游产品。优化旅游票务服务，在淡季、旺季推出不同组合的优惠票价；针对游客换乘需求，推出多式联运旅游票务。

推出多样化的高铁旅游线路产品，依托高铁沿线重点旅游景区，铁路内部自主开发旅游专列产品。与地方旅游管理部门合作开发铁路小镇，并依托铁路小镇开发地方主题旅游环线。与民航、公路和航运合作，开发多程联运旅游线路产品。

依托铁路旅游线路，构建无障碍转乘体系，提供畅爽旅游服务产品。重点把大流量站点建设成为铁路旅游集散中心，并在站点旅游服务半径内合理布局咨询服务中心和旅游问询点。

通过产品、线路、活动和营销，塑造"铁路平台旅游咨询服务"品牌，形成旅游流量总入口。

3.4.4.4 高铁网络旅游产业生态体系：我国铁路旅游产业生态圈建设

依托高铁网络资源，打造铁路旅游内部的巨型产业生态圈（见图 3.6），包括铁路餐饮、铁路饭店、铁路旅游景区、铁路旅行社、铁路购物和铁路娱乐，打通高铁旅游产业链。

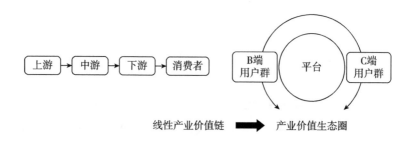

图 3.6 我国铁路旅游产业生态圈

在此基础上，通过设计铁路旅游产业平台共享机制和铁路客流话语权，运用标准化管理和质量认证等管理手段，整合高铁旅游关联的旅行商、旅游企业、景区、地方政府、租车公司、旅游运营商等利益相关者，建设铁路旅游共同体。

为体现国铁集团的社会责任，建议研究出台和发布高铁沿线地区发展旅游业的社会共识（倡议）、合作体制机制和政策保障等。

3.4.4.5　高铁网络全域旅游运营管理体系：中国高铁旅游运营商

在中国国家铁路旅游集团下设铁路旅游平台的专营机构，目标是建成全球最大的旅游运营商。可由全国18家铁路旅行社参股，共同出资设立，建设成为与中国铁路票务门户网站有机衔接的全国性铁路旅游门户网站，线下火车票销售点、铁路旅行社、铁路宾馆等均成为其门店，同时可在北京、上海、广东等主要客源输出地打造几个区域型铁路旅游产品批发商，推动铁路旅游组织接待业务的集团化发展。在此基础上，加强与现有的OTA和地方网络平台的合作。

塑造"高铁旅游融媒体营销"品牌，拓展铁路旅游媒体价值空间，重点发掘铁路车厢内外的营销价值、铁路车载杂志广告价值、旅游专列的营销价值和大型铁路旅游活动的营销价值。

3.4.4.6　高铁旅游运营管理体系建设时序

2019～2021年，搭建总体框架，并开展资源普查、分析建模和铁路旅游相关技术突破；2021～2022年，建设线上线下相互贯通的铁路旅游平台，并对照产品体系系统化推进旅游产品研发，并在重点城市进行试点；2023年，有针对性地选择铁路旅游的集散地、目的地和过境地进行分类别试点，摸索不同站点类型的发展模式；2024年，开始分片区进行推广应用；力争到2025年全路形成高铁网络全域旅游新格局（见图 3.7）。

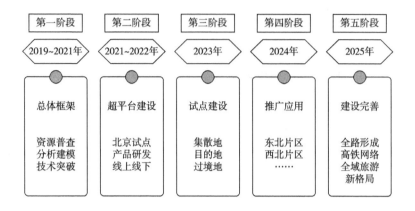

图 3.7　高铁旅游管理运营体系建设时序

3.4.5　我国高铁网络全域旅游运营管理策略

3.4.5.1　高铁网络全域旅游品牌策略

铁路运输企业还可通过电子商务平台与专业旅游企业开展合作，建立与旅游企业之间的互联网数据共享机制，一方面，可通过互联网营销手段，推介高铁旅游列车产品，提高高铁旅游列车的知名度和吸引力；另一方面，可在为旅行社提供高铁旅游列车运行实时信息的同时，及时掌握旅游客源分布、构成的变化情况，辅助决策和优化高铁列车开行方案。

（1）现存品牌形象概述分析。狭义的旅游品牌是指某种旅游产品的品牌。广义的旅游品牌包括某一项产品品牌、旅游企业品牌、旅游集团或连锁品牌、公共产品品牌、目的地品牌等。通过分析，我国暂时未形成具有鲜明特色的铁路旅游品牌：铁字号文创品牌虽然新颖，但并未扩大其声誉及影响力。铁路博物馆、铁道旅行社、铁路产品一直是铁路旅游的核心部分，但也中规中矩，无太多特色。以上品牌对游客的吸引力还不够强烈。而近年来"中国高铁"的品牌影响力传遍全球，但也受到了一些质疑。而日本、法国等具有较长高铁史的国家，已经在国际市场上形成了强势的品牌，因此"中国高铁"只有建设成为强有力的并值得信赖的品牌，才能够在国际高铁旅游市场中分一杯羹。

（2）品牌形象传播分析。在传播方面，线上线下齐发力。在线下，相关部门通过开展促销宣传、推广活动、主题活动、推介会等进行品牌与产品的传播。线上则进行各种网络营销，以大数据平台为基础，构建以云计算技术为手段的旅游预测与反馈服务平台。政府、旅游部门通过线上线下收集旅游者的意见，制定并实施政策；旅游企业分析旅游者的兴趣爱好来进行产品设计与推荐，从而达到旅游信息与旅游设施的完美契合，使政府、旅游部门、旅游企业和旅游者等可以做出最优选择，再通过携程、新浪微博等旅游平台及社交软件进行精准推广，助力铁路旅游品牌传播。

（3）品牌形象与现有资源产品的匹配度评价。铁路能通过消费者对品牌品质的认可、消费的满意和情感的依托，自然产生对品牌产品和服务的持续购买行为而获得消费者的忠诚度。因此，要化"虚"为实，让游客感知品牌。

（4）高铁旅游标准化与产品品牌认证。认证高铁旅游城市、高铁旅游小镇、高铁旅游景区，一旦认证就可以纳入高铁网络智慧旅游平台,将游客输送过来并进行分层,从而实现带动作用,这样可以最大化地利用高铁,通过此方式吸引游客。

传播方式如表3.4所示。

表3.4 传播方式分析

一级类目	二级类目	材料来源	参考点	参考点举例
营销	列车营销	5	5	冠名列车
	网络营销	7	7	新媒体营销
	精准营销	7	10	对客源市场进行再定位,制定有针对性、实效性的市场开发与营销策略
	联手营销	2	2	旅游联手铁路、民航促营销
宣传	推广活动	29	31	开展高铁旅游周等活动
	促销宣传	16	16	数十条高铁旅游产品,以最高优惠500元的价格促销
推介	推介活动	7	7	成立高铁旅游城市联盟暨旅游推介系列活动
	推介会	25	25	高铁旅游推介会

3.4.5.2 高铁全域旅游运营管理策略

(1)提升运营组织策略。要合理安排列车运行时间,实行日常、周末和高峰运行图,可以根据旅游目的地高铁客流量和各时间段客流量,在高峰时期实行密集开车,压缩列车间隔时间,实现公交化运营。动态研究客流变化规律,加强车辆的调配,灵活设置车组运行模式,做到既满足游客需求,又保证列车运能利用达到高位均衡的状态。在小长假前及时通过增开临客、动车组重联等方式来提高运能满足游客需求,有利于吸引更多的公路客流选择高铁出行。

（2）推动高铁和公路联运，实现高铁和公路"双赢"。高铁和公路客运各有其优缺点，一直处于竞争关系，但应用发展的眼光来认识两者之间的关系，充分把握与公路客运的合作机会。部分高铁中间站与周边城市的接驳交通不方便、高铁与市内交通的换乘不方便会增加一定的时间成本和出行成本，换乘时间过长会影响游客的满意度。因此，可以和公路客运企业合作，使公路大巴直接对接高铁车站，减少游客的换乘时间，将吸引更多以前选择自驾出行的客流，达到高铁和公路"双赢互利"的目的。

（3）实行多元化运营策略。鉴于部分高铁旅客的出行目的是商务出差和旅游，可广泛开展合作，除了与高速公路、航空等企业开展联合运输外，还可和酒店、餐饮企业开展合作。由于高铁沿线旅游资源非常丰富，可利用节假日，将高铁车票与旅游景点、酒店住宿等进行捆绑销售，树立多元化经营理念，加快延伸产业服务链条，拓展旅游相应服务。

（4）实行灵活的价格策略。由于旅游具有淡旺季的特征，高铁旅游也会受旅游淡旺季的影响，因此建议制定不同的价格策略。

一是高铁站之间客流量较低的城市主要是因为高速公路沿线的游客大多选择自驾出行且短途公路客运班次密集，发展较为成熟。针对这类情况，可实行票价优惠措施和 VIP 制度，如个人购票累计金额越高，票价的折扣力度越大。二是可实施季度票价，由于每年第一、第四季度的客流量相对较少，可适当降低票价，提供团体优惠价格、往返票折扣等。在第二、第三季度的旅游旺季可适当提高票价。三是可联合航空公司推出联票制，实现高铁和民航交通方式的一票制换乘，吸引热门旅游城市之间换乘航班的客流。

（5）提高高铁旅游服务质量和舒适性。坚持一切为了游客，一切方便游客的原则，尽可能地把方便留给游客。牢固树立"以服务为宗旨，待游客如亲人"的理念，在确保全体游客享受到基本服务的同时，还可为商务游客提供个性化、多样化的服务。可以参照空乘的培养目标来着重提高高铁服务人员的素质和服务水平，使游客在花费较少的情况下享受到高水平、高质量的服务，体现高铁旅游服务高品质，打响高铁旅游的品牌。

（6）因地制宜开发铁路旅游资源，打造特色品牌。在铁路文化资源开发中，应结合地方文化历史和自然特色，开发具有铁路特色、文化价值和品牌信誉的旅游产品。我国铁路网分布广泛，基本上涵盖了各个地区，有关遗产资源和自然资源也是零星分布，如唐胥铁路、滇越铁路等，如果不加以开发利用，会造成大量的浪费，甚至使其遭受破坏。因此，铁路部门应统筹规划、整体开发，各地区根据自身特点进行资源整合、差异发展。不仅保护了铁路文化遗产，还展示了各地铁路文化遗产的特色，有利于铁路文化旅游品牌建设。

（7）优化铁路旅游市场。优化市场首先要提升旅游环境质量。对于旅游业来说，提供个性化、人性化的服务，是使游客产生归属感、形成品牌忠诚的关键。因此，铁路部门要通过培养铁路旅游从业人员，提高相关人员的整体素质。此外，还可以打造铁路转运中心，满足旅客换乘便捷、候车舒适的需求。其次要加强市场监管机制，全面推进旅游市场诚信建设。最后要积极开拓旅游客源市场，为旅客量身定制旅游产品，满足不同旅客的需求，同时在网络上进行铁路旅游营销，增强旅游吸引力。

（8）多方合作，提升产品附加值。铁路部门除了进行旅游产品开发外，还需要与其他部门进行合作，以此来增加其产品的内涵，并满足游客不同的旅游需求，如与旅行社、景区、民航、航海部门等进行合作。不仅提高了旅游目的地的可进入性，增加了铁路旅游的附加价值，而且为旅客提供了更多的选择方式，使游客满意度得到提升。如铁路部门与康辉国际旅游有限公司、中国青年国际旅行社等合作伙伴密切配合，签订了联合经营协议，铁路旅游经营走上了品牌组合、专业化经营、规模化发展和网络化延伸的道路。

4

基于大数据的高铁网络
智慧旅游系统方案设计
及原型系统开发

依据"1+4"全域旅游发展战略，开展"基于大数据的高铁网络智慧旅游系统方案设计及原型系统开发"研究，设计基于大数据的高铁网络智慧旅游平台框架，开展高铁网络旅游大数据应用研究，分析高铁网络智慧旅游大数据结构特征，开发高铁智慧旅游原型系统，为智能高铁发展提供有益的示范应用，为智慧旅游系统理论提供中国铁路经验，同时为促进我国高铁旅游的数字化与高质量融合发展，实现"旅客变游客、游客变旅客"的目标提供具体的解决方案。

4.1

高铁网络智慧旅游系统的需求分析

4.1.1 总体需求

根据新时代国铁集团"1+4"全域旅游发展战略规划，高铁网络智慧旅游系统应从单一商业模式逐渐打造成"平台+渠道""高铁+旅游+生活"综合型"高铁旅居生活圈"商业模式，如图4.1所示。"高铁旅居生活圈"商业模式的客户价值，在12306平台的高铁票源优势集成上，结合国铁集团已有的旅游资源，包括旅游景区、酒店、博物馆、特色小镇等，逐渐形成高铁旅游优质资源，满足游客和旅客日益多元化、个性化的需求，同时满足企业客户的旅游需求。"高铁旅居生活圈"商业模式业务发展路径，以高铁票销售作为入口，逐步打造"高铁+景区""高铁+旅游线路""高铁+住宿""高铁+餐饮""高铁+租车"等组合产品和服务，吸引游客和旅客，逐渐形成综合型的"高铁旅居生活圈"。

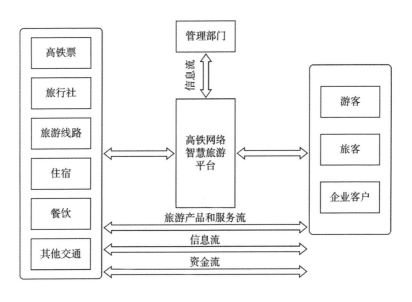

图4.1　高铁网络智慧旅游系统"高铁旅居生活圈"商业模式

4.1.2　游客体验与服务需求分析

4.1.2.1　游客特征

（1）智能时代的"新旅游者"。智能时代的旅游者将以"新旅游者"为核心。新旅游者更富有旅游经验、受过更多的教育、更能为旅游目的地着想、更独立、更灵活、更环保；把目的地的环境和文化视为旅游体验的一个重要组成部分；寻求高质量的、与众不同的旅游经历。新旅游者在旅游目的地所寻求的不只是旅游活动本身，还包括 REAL 体验，即有益的（Rewarding）、丰富的（Enriching）、冒险性的（Adventuresome）、学习性的（Learning）。按照普恩的预言，大众旅游者会逐渐向新旅游者转变。新旅游者最终会成为旅游市场的核心，取代传统的大众旅游者成为旅游市场的主体。

（2）高铁出游是家庭亲子出游首选。就目前旅游市场现状而言，已婚人群出游多以"家庭"为单位，一家三口、一家四口或老中幼三代同游的现象比较普遍。在子女状况方面，从已判断的大数据样本来看，有子女的游客占比非常高，占到游客总量的 1/3，占据着非常重要的位置。家庭出游，父母带孩子的群体比较关注亲子互动性和对孩子成长、学习的助力，此外还关注舒适性和安全性，也需要尽量短的交通时间；家庭出游的家庭决策权往往由女性掌握。

（3）社会经济特征维度。北京联合大学项目组 2019 年的问卷调查数据显示，高铁旅游消费者中约 60% 为中高收入阶层，拥车比例超过了 20%，平均拥房率为 3.9%，且部分高铁旅游消费者有较高的消费能力。本书调查组调查显示，来自北京、上海、广州、成都等城市的高铁游客到访高端购物场所的比例较高，且有 4% 的人群曾有出境旅游的经历，综合判断高铁旅客的主要人群为中产阶层。

（4）客源市场特征维度。高铁游客的客源省市是确定未来高铁旅游营销区域和推广城市的重要依据，也是分析旅游目的地客源配比健康程度的重要指标。通常情况下，外来游客占比越高，其客源配比的健康程度就越高，说明其旅游吸引力也越强；客源城市中经济发达城市越多，证明该目的地的旅游影响力也越强。

（5）京沪高铁、京广高铁等为高铁旅游重点线路。通过数据采集及进一步分析表明，高铁游客主要来自7个样本城市的高铁沿线省份及城市，其中以京沪高铁、京广高铁、京哈高铁、西成高铁和武广高铁等为主。这些高铁途经经济发达的珠三角地区、长三角地区等，人口稠密的中原地区、华北地区和东北地区等，以及正在快速发展的西部地区，如贵州和四川。这些省份和城市可以作为未来高铁旅游发展的先行地区。

4.1.2.2　游客体验与服务需求分析

一定时间段内具有旅游意愿的游客数量即旅游需求，旅游需求形成于旅游动机，旅游动机则决定了游客的出行方式、旅游时间等。高速铁路的开通在降低经济和时间成本的同时，必定引起旅游消费需求的转变。根据消费者行为产生的原因，可以追溯旅游者的需求、动机，影响旅游者行为的文化、社会、个人、心理等，都会影响旅游者的购买决策。

（1）游客对选择高铁网络出行的态度。消费者的需求偏好及决策受一系列复杂的因素影响，根据行为心理学理论，科特勒提出的"刺激—反应"模型中认为，人们的行为受到环境、心理和营销等的刺激。基于这一模型，本书认为高铁游客的需求偏好受游客个人特征（人口统计学特征）、资产情况（社会经济特征）和心理因素（态度、认知及动机）等的共同影响和作用。

（2）乘坐高铁出行的动机。消费者行为分析中非常关注购买决策的影响因素，购买动机是重要的影响因素之一，包括生理因素、心理因素、经济因素等。本书调查组调查结果表示，乘坐高铁的旅客中旅游比例超过了 40%，可见，高铁旅游具有一定的影响程度，相关旅游产品开发潜力巨大，如表 4.1 所示。

表 4.1　乘坐高铁出行的动机统计

乘坐过高铁的受访者（N=1923）			未乘坐过高铁的受访者（N=284）		
排序	出行动机	百分比（%）	排序	出行动机	百分比（%）
1	探亲访友或回乡	34.01	1	探亲访友或回乡	34.86
2	观光游览	23.19	2	休闲度假	27.11
3	休闲度假	21.11	3	观光游览	21.83
4	参加会议会展	10.24	4	参加会议会展	8.80
5	商务或科研考察	8.48	5	商务或科研考察	3.87
6	其他	2.96	6	其他	3.52

（3）高铁旅游游客的偏好分析。消费者偏好是反映消费者对不同产品和服务的喜好程度，是影响市场需求的一个重要因素。受访者感兴趣的高铁旅游产品如图 4.2 所示。

（4）高铁旅游者对高铁站、服务和 App 的需求分析。从已有的对高铁站点、高铁列车、高铁官方 App 以及专业性的旅游网站或企业的调研结果来看，受访者表现出了不同的需求，对进一步提高旅游服务质量提供了改革思路，如表 4.2 至表 4.4 所示。

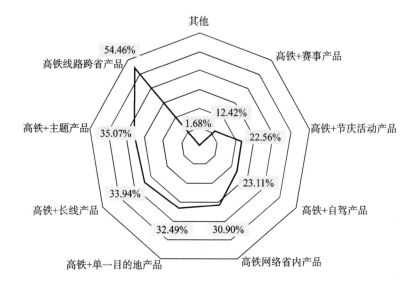

图 4.2 受访者感兴趣的高铁旅游产品

表 4.2 受访者对高铁站点的服务需求

排序	服务内容	百分比（%）
1	增加同城高铁站之间的无缝接驳，减少换乘时间	72.59
2	开通高铁站与市内交通的直通通道，换乘地铁免安检	62.44
3	增加或开通重点景区直通车，凭门票、预订信息等免费换乘	51.52
4	增加行李托送服务（由列车送至换乘点）	39.01
5	增加休闲场所，如钟点房、小型影院、小型儿童乐园、图书馆等	28.86
6	设置旅游咨询中心和旅游集散中心	28.00
7	开通一等座、商务座、VIP 客户的直通通道	12.69
8	其他	1.22

表 4.3 受访者对高铁列车的服务需求

排序	服务内容	百分比（%）
1	加强高铁与目的地的联动，如凭近日的高铁票可享受当地景区门票优惠	59.22
2	开通行李随车托运服务，大件行李由专人保管	45.49
3	增加"夕发朝至"高铁的卧铺数量	42.27
4	开行高铁旅游专列	32.31
5	增加娱乐车厢，如图书馆、网咖、KTV、游戏室、音乐厅等	31.85
6	其他	2.22

表 4.4 受访者对高铁官方 App 的服务需求

排序	服务内容	百分比（%）
1	增加高铁行程展示地图，可以看到自己所有的高铁行程	62.48
2	增加目的地的文化旅游介绍，如食、住、游、购、娱等方面的内容	53.01
3	优化行程搜索功能，用户可以在确定出发地后，通过设定票价区间、距离范围、行程时长等，搜索周边可去的目的地	48.71
4	增加会员注册，并可累计高铁/动车里程，升级贵宾可享受相应的服务	48.16
5	增加订房、订门票、订旅游线路产品、租车、约车等入口	38.92
6	扩大订餐服务范围，增加餐饮品种，以及可以订购途经站点的特色商品	20.39
7	提供有资质或被认证的旅行社名单	13.55
8	其他	0.63

受访者最希望高铁官方 App 能够记录自己的高铁"足迹"，提供个人高铁行程展示地图（62.48%），第二个需求则是增加目

的地的文化旅游介绍（53.01%），第三个需求是优化行程搜索功能，以搜索周边可去的目的地（48.71%）。

4.1.2.3　高铁网络时代的游客用例分析

本书从旅游出游前、旅游中及旅游后三个层面进行旅游者功能需求分析。

（1）出游前游客用例分析。基于大数据的高铁网络智慧旅游系统的旅游者（出游前）用例如图 4.3 所示。

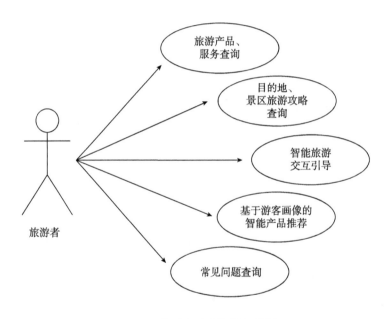

图 4.3　旅游者（出游前）用例

（2）旅游中游客用例分析。基于大数据的高铁网络智慧旅游系统的旅游者（旅游中）用例如图 4.4 所示。

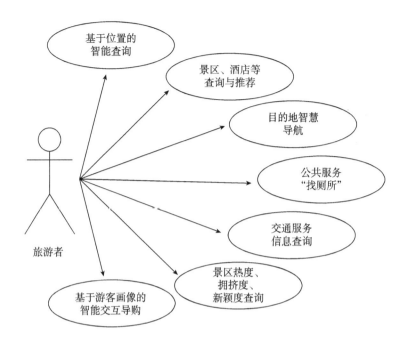

图 4.4 旅游者（旅游中）用例

（3）旅游后游客用例分析。基于大数据的高铁网络智慧旅游系统的旅游者（旅游后）用例如图 4.5 所示。

4.1.3 全媒体营销需求分析

4.1.3.1 在线旅行社（OTA）中大数据应用总结

本书按照用户访问 OTA 网页或 App 的流程来分析 OTA 运营和大数据应用的现状，并对大数据应用现状总结如下：

大数据在 OTA 内部充分应用。大数据可以通过不同的方式在组织内部使用，包括：

（1）识别用户模式、习惯、期望和愿望。

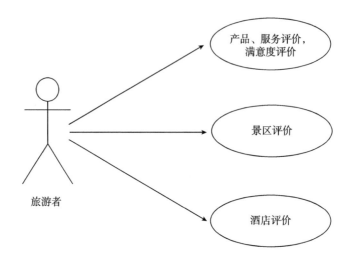

图4.5 旅游者（旅游后）用例

（2）定义更有效的定价政策。收入或收益管理策略被开发出来，用于整个公司使用大数据的各个业务部门中。

（3）创建有用的一些指标。一些在线旅行社，如途牛、同程或猫途鹰，已经开发了自己的评级系统。它们不仅在组织内部非常有用，而且对用户和学术研究也非常有价值。

（4）使用不同的标准，如消费者使用的电子设备类型，创建客户旅程地图（Customer Jortney Maps，CJM）。

大数据与个性化服务结合使用。大数据与个性化服务、定制服务相结合，可以最大限度地利用电子设备，为在线旅行社扩大业务基础、增强销售和盈利能力创造了另一个巨大的机会。

首先，OTA 的应用要更适用于不同移动终端。其次，OTA可以使用全球定位系统和高度精确的跟踪技术来获取实效性更强的大数据。

大数据与供应链（利益相关者）合作使用。OTA 大数据可以与供应链中的相关企业合作，下面是一些例子。

（1）在线旅行社可以将数据转售给其他企业。数据收集、处理和管理不仅可以应用于自己的企业，也可以应用于其他企业。

（2）在线旅行社可以开发商业工具来帮助自己的供应商，如 Expedia 创建了"Expedia 媒体解决方案"和最后一分钟的"旅行人"。这些工具提供关于用户的信息、消费习惯、需求模式、价格比较等信息，其目的是为供应商提供支持，他们可以利用这些信息来改进产品和营销策略。

（3）一些 OTA 开设了与旅行活动相关的新业务或合作伙伴关系，如提供行李寄送、餐饮预订、短途旅行产品等服务。

（4）OTA 可以与目的地或供应商（如酒店）发展伙伴关系，以建立有利于服务提供商和客户的新战略，例如，Expedia 与连锁酒店建立战略联盟。事实上，OTA 技术比那些雇佣者有更大的潜力和影响力。因此，酒店应该利用在市场上的先发优势，避免与已经确立主导地位的酒店进行直接竞争。在这一点上，它们的关系以相互依赖为特征。在线旅行社可以更快地发现新的趋势和需求；利用这些信息，酒店可以更快地预测和满足客户的需求。

（5）OTA 可以与其他类型的公司合作。例如，与气象服务企业或组织合作，预测天气对预订的影响。

大数据有助于提升营销效率和个性化营销策略，为如何提供信息以改善客户体验、增加用户的旅游消费提供了新思路和重要参考。

4.1.3.2 基于大数据的全媒体营销需求分析

高铁网络智慧旅游系统将基于铁路旅游系统运营的工作现状，基于互联网开放的生态特性，在信息资讯、宣传推广、实时全媒体营销和大数据集成等方面实现基于大数据的功能拓展和完善。

（1）信息资讯需求。通过逐步建立高铁（铁路）旅游信息标准体系，搜集、整理、维护高铁（铁路）旅游公共信息资源。

（2）系统大数据集成需求。整合智慧旅游系统平台数据、铁路交通数据、运营商大数据，以及气象、酒店、餐饮、旅行社、景区活动等数据，形成大数据集成平台。实现对高铁（铁路）游客流量、消费能力、游客偏好等数据的分析，定期集成汇总，与管理层、相关部门、涉旅企业及时共享统计分析结果。

第一，客流监测。运营商根据实时的信令数据测算人流数量，对景区和重点旅游区域进行实时客流监控和分析，实现景区动态监测。

第二，客源分析。通过对游客的年龄结构、性别比例、逗留时长、旅行线路、消费能力、App 使用状况、交通工具等数据进行分析，为旅游管理部门、景区、涉旅企业定制准确的旅游大数据报告，为旅游发展战略提供数据支持。

第三，旅行轨迹分析。对游客的旅行轨迹进行分析，为旅游企业的旅游线路规划和旅游目的地营销提供数据参考。

第四，用户画像分析。用户画像可以用来挖掘用户的兴趣、爱好等特征。其主要目的是提高营销准确度和推荐匹配度，最终提高产品服务质量和为企业创造更多的利润。用户画像可以应用于产品的每个阶段，如新用户的引流、潜在用户的挖掘、老用户的培养以及流失用户的回归等。

（3）实时（Real-time）全媒体营销。智能时代的游客越来越需要实时的旅游信息、实时的旅游服务，这就需要智慧旅游系统能提供实时的全媒体营销和服务。

第一，精准营销。根据对游客的全方位画像，通过模型训练，得到营销活动的准确实时受众群体，对接运营商自有渠道、合作媒体、OTA，可实现对旅游资源、产品的精准投放。在节省营销成本、提升客户感知的同时形成最大化的营销效果。

第二，基于定位的营销。基于大数据分析的游客游中需求规律，根据游客游中定位信息，即时推荐各类旅游产品，增加游客的消费支出。

第三，游客交流互动。支持游客实时地、动态地与品牌互动，并允许他们进行双向互动，贡献信息或接收反馈，以及分享偏好。当铁路旅游服务的某些功能不符合消费者的期望时，游客可以利用社交媒体或系统平台提供建议或通知品牌。游客分享的体验或感受的实时数据，无论是积极的还是消极的，都可能是被忽视的问题，这些都是开发更好的旅游产品的宝贵建议。

（4）宣传推广需求。目前，我国高铁旅游产品的销售情况尚待提高，其中与宣传营销不够有关。下一步，可通过先与国内OTA业务对接，再逐渐拓展到与国际OTA、GDS建立业务对接，组织开展一系列线上线下营销推广活动，实现国内市场的快速拓展，国外市场的初步成长。

4.1.3.3 运营人员用例分析

基于大数据的高铁网络智慧旅游系统运营人员用例如图 4.6 所示。

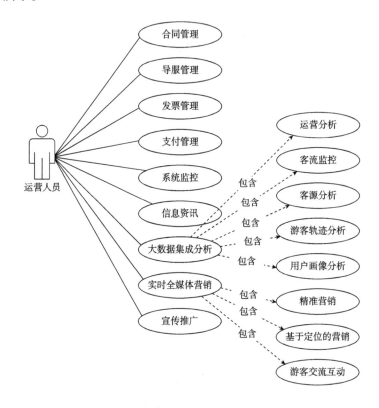

图 4.6 基于大数据的高铁网络智慧旅游系统运营人员用例

4.1.4 产业运行监管需求分析

4.1.4.1 旅游监管工作的特征

高铁网络智慧旅游系统的监管部门，一般包括高铁旅游管理部门和旅游目的地管理部门（如文化和旅游局）等，需要运用大数据、云计算等技术管理高铁网络智慧旅游系统的全部信息，更好地为旅游者服务。

创新规划、创新管理和创新营销是管理可持续增长的必要工具。智能时代下的旅游管理，需要对业务流程进行再造，其核心在于利用好信息技术、大数据技术以及智能化技术，通过对旅游全产业链精准监测，获取一手数据，优化业务流程，变革组织结构，实现组织精简和效率提升。

4.1.4.2 旅游监管需求分析

基于大数据的高铁网络智慧旅游系统的高铁旅游管理部门功能需求（见图4.7）主要包括：

（1）全国、区域旅游客流监测、预测与管理。

（2）全国、区域高铁旅游产品销售情况监督与管理。

（3）高铁旅游舆情监测与分析。

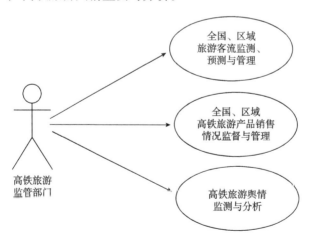

图4.7 基于大数据的高铁网络智慧旅游系统的高铁旅游监管部门用例

4.2

高铁网络智慧旅游系统的框架设计方案

4.2.1　建设目标

4.2.1.1　总体目标

基于大数据的高铁网络智慧旅游系统的平台建设应契合高铁旅游发展的总体战略，在"文、旅、铁"产业数据整合的基础上，从"数字化"走向"数智化"，建立融智慧服务、智慧营销、智慧管理为一体的智慧旅游系统，总体目标主要包括：数据整合，改善高铁旅游信息质量；主动服务，引导高铁旅游需求结构；模式创新，创新高铁旅游服务供给模式；数智赋能，支持高铁旅游科学决策；智能营销，高铁旅游需求动态匹配。

4.2.1.2　近期目标

根据铁路12306平台现状以及高铁旅游发展现有的需求，以12306平台为基础开展基于大数据的高铁网络智慧旅游平台的初期建设，以提高高铁（铁路）管理部门与铁路旅游企业以及游客或旅客之间的信息交流和沟通能力为重点，最终提升铁路旅游企业的服务水平、高铁旅游者的满意度以及管理部门科学管理与科学决策水平。

4.2.1.3　分阶段实施

平台建设应积极稳妥地提升铁路旅客大数据应用的服务能

力，实现铁路运营企业战略转型和业务创新。从智慧旅游服务演化阶段、游客需求层次和服务资源集聚整合程度三个维度，厘清基于大数据的高铁网络智慧旅游平台的三种模式：信息交互模式、要素协同模式和价值共创模式，如图4.8所示。

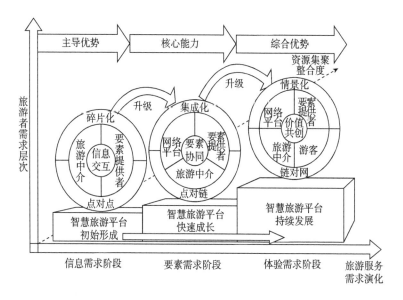

图4.8　基于大数据的高铁网络智慧旅游平台三阶段发展的总体框架

4.2.2　总体框架设计

根据"1+4"全域旅游发展战略，本书设计了支撑铁路旅游资源体系、服务产品体系、产业生态体系和运营管理体系的基于大数据的高铁网络智慧旅游平台的总体框架，分为基础环境层、数据采集层、数据处理层、数据分析层和数据应用层，如图4.9所示。

（1）基础环境层：主要包括硬件服务器、网络通信、移动互联网、相关存储、网络安全等设施的支撑。

（2）数据采集层：包括对游客行为特征数据、高铁客运相关数据、旅游产品消费数据、旅游目的地数据的采集。大数据采集主要包括两种方法：一是通过传感器；二是采集互联网数据信息的爬虫软件。数据采集的方法和工具是多种多样的，并且会不断更新，常用的数据采集工具有 Flume、Kafka 等，常用的爬虫软件有 Python、R 语言等。

（3）数据处理层：主要包含游客行为特征数据库、高铁运行监控数据库、旅游产品数据库、旅游目的地景区和住宿业数据库。通过数据汇集、数据清洗、数据筛选、数据存储、数据融合，以及人工上传、审核修正，确保数据的全面和准确。数据清洗主要是对数据缺失值、重复数据、噪声数据等进行处理。数据处理是根据数据分析的要求或者根据模型的需要，对所有数据进行一个预先的处理，如将数据转换成一个适当的形式。

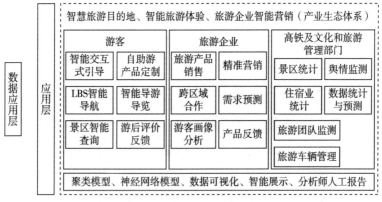

图 4.9 基于大数据的高铁网络智慧旅游平台的总体框架

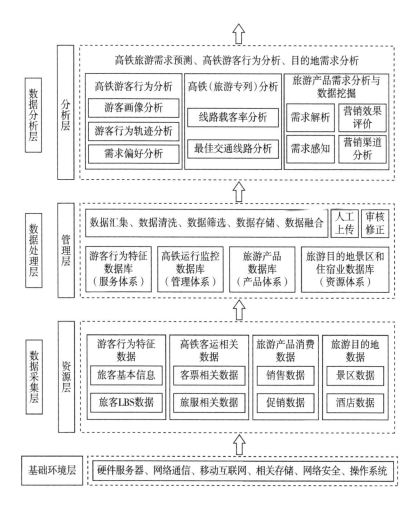

图4.9 基于大数据的高铁网络智慧旅游平台的总体框架（续）

（4）数据分析层：需要通过数据建模、机器学习、智能感知、智能推理等过程来实现。在数据处理—管理层的基础上，采用各种模型进行分析，预留其他三方接口数据，补充指导模型准确性。

（5）数据应用层：面向旅游行业生态体系，包括向游客、旅游企业、高铁及文化和旅游管理部门提供应用。

4.2.3 功能框架设计

4.2.3.1 智慧旅游服务

旅游前服务的主要功能有：

（1）产品查询：基于大数据的高铁网络智慧旅游系统应提供多维度旅游产品筛选、排序设置，为游客提供便捷的、个性化的查询。筛选维度可以包括：①与旅游线路或景点有关的筛选：游玩线路、产品类型、游玩主题、特色体验、热门景点、景点类型、产品钻级、出发时间、行程天数、特色项目、有无优惠活动。②与位置区域有关的筛选：出发城市、目的地、途经地、成团地点、距离远近。③与游客有关的筛选：适合人群、价格范围、价格预算、是否有折扣。④与吃、住、行有关的筛选：酒店位置、酒店星级、交通类型、交通工具、餐食特色。⑤与销售历史有关的筛选：好评、近期销量。⑥与服务有关的筛选：服务承诺（如无购物）、供应商、优惠类型、特色服务等。

（2）产品预订：在系统中为游客提供便捷的旅游产品预订和购买服务，包括开通各种便捷的支付途径，如二维码扫码付款等。

（3）智能交互式引导：系统初始询问游客几个偏好性问题，再根据回答结果，游客近期火车票购票信息和使用 App 操作情况，与数据库中已有的游客偏好模型相比对，智能推荐符合需求的旅游产品、旅游线路或旅游攻略，以便游客查询和预订。

（4）自助游产品定制：提供自助游或半自助游产品查询和定制服务。

旅游中服务的主要功能有：

（1）信息推送：基于大数据向客户发送通知或提醒，并提供他们可能需要的信息，提供有关目的地的信息，或者追加销售。

（2）LBS 智能导航：根据游客手机定位信息，提供全面的 LBS 智能导航服务，并推荐附近旅游景区或酒店等信息。

（3）景区智能查询：查询旅游目的地景区信息，以及相关人流、车流、天气等信息。

（4）智能导游导览：在景区（铁路系统旅游景区或博物馆）内，为游客提供智能导游导览及语音服务。

旅游后服务的主要功能有：

（1）发布旅游攻略：游客旅游后可以用图片和文字记录旅游攻略，并且可以分享到其他平台。

（2）评价反馈：游客旅游后，系统向他们发送问卷，以评估他们对旅游产品和服务的满意度，收集满意度数据。

（3）获得游客积分：根据游客购买产品和旅游全过程互动情况，进行游客积分，积分累计到一定水平可以提供相应的服务，如 VIP 候车室使用、旅游产品优惠券兑换等。

4.2.3.2 智慧旅游营销

基于大数据的高铁网络智慧旅游系统通过旅游舆情监控和数据分析，挖掘旅游热点和游客兴趣点，策划对应的旅游产品，制定对应的营销主题，推动旅游行业的产品创新和营销创新；通过量化分析和判断营销渠道，优化长期合作的营销渠道，提升旅游企业对游客日益增长的多方式、多途径信息获取诉求的响应能力。

（1）游客画像分析。了解游客的偏好和人口统计信息，与其他来源（如第三方）的数据相匹配，对游客人群进行细分，并进行画像分析，从而为开发旅游新产品、提升旅游服务提供重要的参考和依据。

（2）精准营销。基于游客大数据和游客画像分析，将新用户或旅客信息与游客模型进行比对，进行精准营销，提升"旅客"向"游客"转化比例，提升营销效果。

（3）跨区域合作与管理。涉及供应链管理，包括出发地和目的地的供应商（如地接社）发展合作伙伴关系，有利于提供更好的旅游产品和服务，平台可为旅游企业提供合作接洽的交流平台，并建立联系网络。

（4）反馈信息收集与处理。铁路旅行社或者产品供应商在线实时回答游客对旅游产品的问题或疑问，并且处理相关的反馈。

（5）舆情监测。监测社交媒体和旅游论坛上对高铁旅游、特定目的地、特定景区的舆情状况，及时调整营销策略。

4.2.3.3 智慧旅游监管

（1）旅游团队监控。对铁路旅游公司发出的旅游团队情况进行实时监控，实现以下功能：旅游合同监管、导游实时 GPS 位置管理、团队行程路线管理、预警推送、行程信息管理。

（2）旅游车辆监控。对景区周边的旅游车辆进行实时监控。基于云3DGIS引擎，集车辆调度管理、GPS定位跟踪于一体，与3DGIS监控指挥中心、通信网络、智能车载终端等子系统互通，实现景区车辆调度管理功能。

（3）客流统计。对高铁旅游人流进行定期、定线路的统计分析，为管理决策提供依据。

通过对各个旅游线路或旅游景区的人数总数比对排名，反映各个景区的热度。同时可以通过天、周、月、季、年的方式展示各个旅游线路、各旅游景区的热度排名。

（4）数据统计与预测。按不同时间刻度统计汇总旅游客流数、旅游产品销售量和旅游景区的相关数据，为管理者决策提供参考。

4.3

高铁网络智慧旅游系统的应用

4.3.1 高铁网络旅游大数据的结构特征

在分析旅游大数据的基础上，从铁路系统的视角，可以将高铁网络旅游大数据分为路内系统大数据和路外系统大数据，如图4.10所示。

（1）路内系统大数据是指来自铁路行业的数据，包括客票、客服、客运等数据。

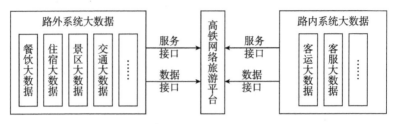

图 4.10　高铁网络旅游大数据的数据来源

（2）路外系统大数据是指与旅游相关的餐饮、住宿、景区、交通、通信大数据等，互联网数据（如海量社交网络信息、铁路热点话题、搜索平台相关信息等），物联网数据（如传感器、射频识别等设备采集的数据），其他数据（如能够参与数据关联分析、参与深度挖掘等大数据分析、计算过程的数据）。数据类型既包括结构化的数据库表、数据文件，也包括非结构化的视频、图像、文本等。

4.3.2　高铁网络旅游大数据应用分析

本书基于铁路客票系统数据、文化和旅游部以及国家统计局数据，针对 2019 年的铁路旅游客流情况和 2021 年小长假铁路旅游的旅游客流进行了描述性统计分析。

本书主要进行了铁路旅游客流概况分析、基于小长假的铁路客流分析、基于景区的铁路客流分析、游客偏好分析和游客画像分析。受篇幅限制，本书只呈现铁路旅游目的地客流分析结果。

（1）铁路旅游目的地客流。2019 年，铁路旅游目的地客流数量排名前三位的是北京市、上海市与广州市，年累计铁路旅游到达量分别为 2799.9 万人次、2332.6 万人次与 2042.0 万人次。

（2）铁路旅游出发地客流。2019 年，铁路旅游出发地客流数量排名前三位的是北京市、上海市与广州市，年累计铁路旅游发送量分别为 3033.7 万人次、2461.4 万人次与 2275.7 万人次。

（3）铁路旅游到发车站客流。铁路旅游客流到发量排名前五位的车站分别为上海虹桥、广州南、杭州东、北京南与北京西站，2019 年到发车站客流量均达到了 1000 万人次以上。铁路旅游客流比例较高的上车站分别是厦门北、上海虹桥与北京南站；铁路旅游客流比例较高的下车站分别是厦门北、重庆西与昆明站。

4.3.3 高铁网络旅游大数据应用场景分析

本书提出了 5 类应用场景。

4.3.3.1 面向全程的智慧旅游体验

（1）出游前、中、后全程智能服务。

（2）基于位置的智能营销和服务推送。

（3）基于游客偏好的智能推送。

（4）基于 5G+AI 的文化旅游智慧体验。

4.3.3.2 基于大数据的夏季避暑游客画像分析

（1）男女比例与年龄结构。

（2）旅游景区偏好——年轻人喜欢游湿地，36 岁以上人群爱逛小镇。

（3）旅游决策和行为特征——关键要风景好气温低，不怕花时间和花钱。

（4）购买渠道——避暑游人群更倾向在线上预订旅游产品。

4.3.3.3 智慧景区系统

（1）智能视频监控。

（2）游客统计分析。

（3）客源地分析。

（4）智能疏导体系。

（5）票务统计管理系统。

4.3.3.4　旅游目的地景区客流监测

（1）目的地景区客流监测。

（2）景区客流监控与客流热点分析。

（3）实时客流指标预警。

（4）实时客流监控客流预测。

（5）驻留时长。

4.3.3.5　用户个体洞察与行为轨迹分析

（1）用户特征与行为分析。

（2）用户行为跟踪。

（3）用户使用热图分析。

（4）潜在旅游产品设计。

（5）转化路径分析。

4.4

高铁网络智慧旅游系统的原型系统开发

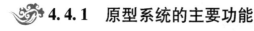 ## 4.4.1　原型系统的主要功能

高铁网络智慧旅游平台原型系统主要功能如图 4.11 所示，

包括平台管理、商户管理、产品管理、合同管理、数据中心、订单管理、交易服务等功能。

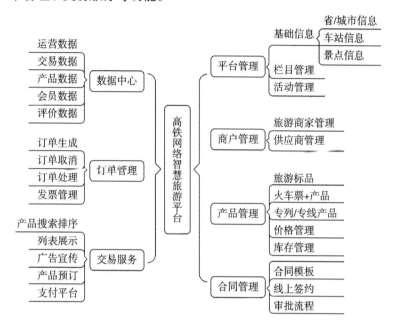

图 4.11 智慧旅游平台原型系统功能

4.4.2 游客端原型系统设计

4.4.2.1 景点门票原型系统设计

游客在景点门票预订页面，可以购买单一景点的门票，也可以购买年票，实现实名制预约。点击"入园码"，即可调出二维码扫码入园。景点门票原型系统如图 4.12 所示。

4.4.2.2 旅游专列原型系统设计

旅游专列由铁路局旅游企业进行产品设计，如"京和号""河北人游河北"等，以景点、酒店、用车等服务串联为旅游资源，为旅客提供旅游专列产品。旅游专列原型系统如图 4.13 所示。

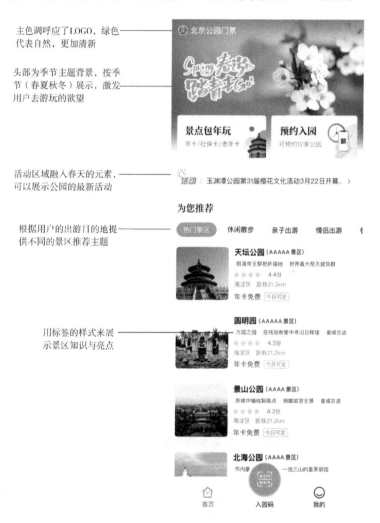

图 4.12　景点门票原型系统

旅游专列　景区　跟团游　周末游　自由行

综合排序 ▾　　　日期天数 ▾　　　筛选 ▽

古北水镇漫游轻奢超值度假产品套餐2天1晚
出团日期:2020-05-04

铁路旅行社专属　价格保证　爱心陪护

无购物

4.8分　AAAAA景区　　**¥499** 起 ~~¥699~~

古北水镇漫游轻套餐2天1晚
出团日期:2020-05-04

价格保证　爱心陪护

4.8分　AAAAA景区　　**¥499** 起 ~~¥699~~

古北水镇漫游轻奢超值度假产品套餐2天1晚
出团日期:2020-05-04

价格保证　爱心陪护　无购物

4.8分　AAAAA景区　　**¥499** 起 ~~¥699~~

古北水镇漫游轻奢超值度假产品套餐2天1晚
出团日期:2020-05-04

铁路旅行社专属　价格保证　爱心陪护

无购物

4.8分　AAAAA景区　　**¥499** 起 ~~¥699~~

ⓘ 中国铁路旅游官方助手

图4.13　旅游专列原型系统

4.4.2.3　目的地旅游原型系统设计

基于铁路12306的线上流量,整合线上线下资源进行服务衔接,与各省份文旅部门合作,开展目的地旅游服务。目的地旅游推荐原型系统如图4.14所示。

图4.14　目的地旅游推荐原型系统

4.4.3　运营管理端原型系统设计

运营管理包括产品管理、合同管理、数据中心、订单管理、交易服务等。

商户信息维护原型系统如图 4.15 所示。订单查询原型系统如图 4.16 所示。

图 4.15　商户信息维护原型系统

图 4.16　订单查询原型系统

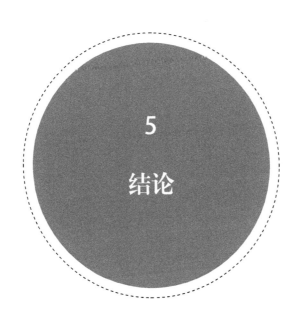

5

结论

5.1

高铁网络对社会经济的拉动作用

（1）梳理我国高铁网络的拓展和演化历程，明确高铁网络规模水平、发育程度和空间格局特征，揭示高铁网络的空间演变规律。第一，高铁网络在建设的时序上显示为从"核心—核心"到"核心—网络"的空间发展过程，呈现初期离散空间网络不断扩展并相互连接为一个整体，最终实现地区之间多路畅通、省会之间互联互通和地市之间快速通达的空间格局。第二，高铁网络规模趋于公平发展，表现为高铁网络规模的整体空间格局与中国社会经济的地域空间特征相类似，网络的空间分布差异均较为显著，呈现中东部稠密和西部稀疏的空间分异特征。但随着高铁网络的拓展，城市之间网络规模的指标差异呈现整体缩小趋势。第三，高铁网络发育水平持续提升，在高铁网络拓展的过程中，网络连通性持续提高，2020~2030 年，高铁网络的平均路径长度分布由 12.6 降至 10.2。第四，高铁网络通达效率逐渐加强。网络连接形态不断升级，城市节点度均值提升。高铁网络中节点度最高值分别为 2020 年的 7 和 2030 年的 8，中心度均值分别为2020 年的 2.3 和 2030 年的 2.9。中心度值为 3 及以上的高铁城市节点数量逐步上升，中心度值为 1 的高铁城市节点数量在逐步下降，而中心度值为 2 的高铁城市节点数量先升后降。

（2）分析高铁网络对全国主要区域市场的影响机理，构建计量经济学模型，实现高铁网络对不同规模城市影响强度的定量评估。高铁网络对区域市场的影响体现为直接效应和间接效应，直接效应即通过投资乘数效应扩大对区域经济增长的带动作用，与直接效应相比，间接效应更为突出，体现在高铁网络建设的外部性和产业异质性影响。以我国285个城市为样本构建计量经济学模型，评估高铁网络对不同规模城市空间的作用与影响。评估结果表明：高铁网络强化一级城市社会经济辐射功能，但随着一级城市高铁连通——可达性指数的提高，高铁投资在一级城市之间的差距逐步减小；由于高铁网络对区域可达性的非均衡影响，造成高铁沿线城市与非沿线城市间不平衡性加大，二级城市的产业极化加大，并且高铁网络持续影响全国区域市场格局。

（3）基于高铁网络下我国市场形态研究，分析高铁网络下客源市场群体结构，明确高铁网络下第三产业新业态模式。本书分析了高铁网络对产业市场形态的影响机理，揭示了高铁网络对第一、二、三产业均带来推动作用。其中，对第二产业的影响较小，对第三产业的影响最显著，从而促使第三产业加速发展。高铁网络对服务业的产业结构优化具有正向作用，通过要素流动、优化资源配置效率等方式促使服务业的产业结构向着高级化方向发展。同时，通过对服务业的规模效应和分工协同作用，为服务业创造更多的就业机会，提升服务业就业人数。明确高铁网络下第三产业新业态模式主要有"高铁+产业链延伸""高铁+关联产业""高铁+城市综合体"三种。

（4）通过构建引力模型、场强模型等数理经济模型，定量实证研究高铁网络对国内客源市场空间结构的影响，分析高铁网络市场新格局及其演化趋势。高铁网络建设引起交通可达性的改善，提升了城市之间空间相互作用强度，进而促进了沿线城市间生产要素流动和城市的协同发展，促进了地区间社会经济联系，对国内客源市场空间结构产生影响。以 773 个高铁站点之间的高铁班次数据表征高铁城市客流，刻画高铁网络下市场新格局，分析了高铁网络市场新格局及其演化趋势。联系强度较大的城市分布于"胡焕庸线"东南侧的省会及其周边城市之间，城市之间的经济联系强度得到继续提升；高铁网络建设不断地重构城市之间的首位经济联系，沿线城市首位经济联系集聚效应得到强化，大城市和主要中转站城市是高铁网络的主要受益者。高铁网络建设城市对客源地空间吸引范围整体上提升了 65.5%；高铁网络建设使城市对客源地空间吸引面积差异提升了 32.0%，呈现明显的"极化效应"。

（5）基于近、中、远程客源市场需求状况及高铁的技术经济特征，提出了高铁近、中、远程客源市场开发策略建议。从共性化和个性化两个维度提出了高铁近、中、远程客源市场开发策略建议。近、中、远程客源市场共性化开发策略建议主要包括四个方面：第一，完善高铁网络布局，促进区域经济协调发展；第二，创新高铁与第三产业融合模式，推动"高铁+旅游"新业态有序发展；第三，完善各种运输方式协调发展机制，提升综合交通协同效应；第四，深入推进高铁供给侧改革，着力提升客运服务质量。近、中、远程客源市场个性化开发策略主要有：第一，近程客源市场个性化开发策略：一是加强高铁与城市公共交通衔接，提高相对于公路交通的比较优势；二是提升高铁与公路接驳效率，促进高铁与公司协同发展；三是推进城际铁路建设和运输产品创新，提升近程高铁供给水平。第二，中程客源市场个性化开发策略：一是构建高铁客运综合交通枢纽，进一步发挥高铁中程客源市场比较优势；二是充分发挥高铁的自身优势，实现中程客源综合收益最大化；三是稳步推进区域性高铁建设和运输服务创新，提升中程高铁供给能力。第三，远程客源市场个性化开发策略：一是发挥高铁站的区位优势，提升高铁在远程运输中的竞争能力；二是加强高铁与民航合作，共同培育远程客源市场；三是提升高铁长大干线建设运营管理水平，增强高铁对远程客源的吸引力。

5.2

高铁网络全域旅游发展战略

5.2.1 分析我国高铁网络与旅游承载力的整体耦合协调水平，明确高铁网络与各重点旅游区域协调度发展思路

采用社会网络模型测算高铁网络下全国重点旅游区域承载力适配度，选择全国重点旅游区对经济设施承载力、社会文化（含社会生活、心理和文化）承载力、生态空间承载力（含空间）进行实证研究，构建旅游承载力评价指标体系，得出了我国高铁网络与旅游承载力的整体耦合协调水平较高，两者发展较为均衡

等结论。分析得出甘肃、辽宁等区域高铁网络与旅游承载力耦合协调发展表现为高铁网络发展滞后；京津冀、珠三角等区域高铁网络与旅游承载力的耦合协调发展都表现为旅游承载力发展滞后，高铁网络水平较高。证实了通达的高铁网络环境可吸附更多的旅游区域客流，带动区域旅游经济的增长，但同时也给当地旅游业带来了经济、社会、生态等多方面的挑战，使区域内旅游承载力处于高负荷阶段。因此，提出了采取合理措施管理游客，加强对旅游资源和生态环境的保护等发展思路。

5.2.2　构建高铁网络旅游资源体系，提出高铁网络影响下旅游资源体系空间格局的演化特征

根据旅游资源体系构建原则，利用首位度、位序—规模等方法对旅游资源进行分类，构建了具有普适性的高铁网络旅游资源体系，包括铁路内部的旅游资源体系以及与高铁网络关联的旅游资源两部分。在此基础上，论证了高铁网络对旅游资源体系的空间影响效应，提出了高铁网络影响下旅游资源体系空间格局的演化特征。第一，高铁沿线旅游城市将增长并扩大腹地，相邻旅游城市将发生耦合现象；第二，在沿线旅游城市内部形成同城化效应，极化与扩散同在；第三，高铁带来的时空压缩现象引起沿线旅游城市内部的旅游资源体系的空间重构。预测了旅游资源体系空间格局发展趋势：第一，长三角地区为高铁旅游资源密集区；第二，华南地区为高铁旅游资源的延伸区；第三，中西部地区为高铁旅游资源的带动区；第四，高铁网络化推动关联旅游资源体系化发展。

🐉 5.2.3 剖析民航和邮轮旅游的发展经验，为高铁旅游市场开发提供了借鉴和启示

从发展沿革、产品设计等多方面剖析了民航和邮轮旅游市场的开发经验，对比分析了与高铁旅游市场的异同。基于高铁对民航旅游市场占有率理论模型推测结果，归纳了民航与高铁在旅游市场之间的竞争关系，并借鉴民航旅游和邮轮旅游的经验对高铁旅游的发展提出了相关建议。第一，打造差异化产品供给，加速多元化消费升级；第二，增强铁路旅游文化自信，加强高铁旅游市场品牌建设；第三，实现旅游联运融合发展，增强服务体验升级；第四，营造良好的融合发展条件，加速创新高铁旅游运营机制。

🐉 5.2.4 构建高铁旅游服务产品体系，提出高铁旅游产品的发展策略

运用旅游产品的内涵与外延，界定了高铁旅游产品体系设计内容。通过对高铁旅游服务体系理论的梳理，明确了高铁旅游服务产品体系的基本特性。在此基础上，根据高铁出行特征及旅游目标市场划分，构建了以核心旅游产品和衍生产品为主要组成部分的高铁旅游服务产品体系，并设计了以景区、服务、活动、线路为要素的高铁旅游产品体系。选取京沪高铁作为案例进行产品设计和开发，提出了我国高铁旅游服务产品体系发展策略。第一，打造中长干线高铁旅游产品，促进跨区域高铁旅游模式；第二，满足多元消费市场需求，开发局管内的高铁短途游产品；第三，

加强高铁旅游专列产品创新，打造高端高铁旅游产品；第四，积极发展"高铁+旅游"新业态，为高铁旅游全产业链赋能。

5.2.5 明确高铁全域旅游"1+4"发展战略目标，构建高铁全域旅游运营管理体系

借鉴国外旅游列车产品的经验，结合我国高铁发展的现状及问题，明确了以打造"全国最大铁路旅游综合服务商"为全域旅游总体发展目标和任务，依托自身高铁网络资源，打造铁路旅游内部的巨型产业生态圈，建设一个基于铁路旅游大数据中心的中国铁路旅游平台（基于大数据的高铁网络智慧旅游系统）和铁路旅游资源体系、服务产品体系、产业生态体系和运营管理体系，系统性提出我国高铁全域旅游发展战略以及运营管理体系的解决方案。

5.3

基于大数据的高铁网络
智慧旅游系统方案设计

5.3.1 梳理了国内外智慧旅游系统的发展现状、应用案例和未来发展趋势

（1）高铁网络智慧旅游发展空间广阔。尽管 OTA 巨头占据了流量优势，但线上旅游渗透率只有 15%，85% 的游客依然选择

在线下预订旅游产品，市场正在走向线上线下一体化运营模式，未来强势的在线旅行社品牌收割头部门店的现象会越来越明显，传统旅行社的市场份额会被进一步"蚕食"。

（2）"数智赋能"促进国内外旅游和铁路行业快速发展。第一，国内外 OTA 正在利用大数据技术跟踪游客实时定位，收集游客数据和偏好、跟踪用户需求、分析用户特征、优化旅游产品，收集用户满意度信息，基于大数据编排个性化的旅游线路产品呈现次序，开展全媒体营销，提供个性化服务，让 OTA 和用户受益。第二，各国/地区铁路部门正在利用大数据和智能化技术，开展游客/乘客体验品质提升，旅游信息查询、高铁站智能管理和智慧旅游市场营销等方向的应用，部分国家对铁路大数据公开。第三，国内外旅游目的地（目的地城市）智能旅游系统快速发展。

（3）高铁网络旅游趋向智能化发展。数字时代旅游者需要过着混合的生活，探索新奇的目的地，同时保持联系和远程工作。需要智慧旅游系统和新技术来解决新的问题，确保社会及旅游业的可持续发展。

（4）铁路智慧旅游系统应整合技术和市场优势。铁路在高铁网络旅游中占有行业优势，自有的铁路 12306 平台具备线上流量优势，聚集了海量购票用户，铁路局旅游企业具备线下资源优势，但铁路旅游目前的整体市场竞争能力却很弱，因此铁路旅游需要整合本身的资源优势，构建线上线下一体化的智慧旅游平台。

5.3.2 基于多源大数据开展需求调研，明确了高铁网络智慧旅游系统的需求

（1）游客体验与服务需求。出游前需求主要包括：①旅游

产品、服务查询。②目的地、景区旅游攻略查询。③智能旅游交互引导。④基于游客画像的智能产品推荐。⑤常见问题查询。旅游中需求主要包括：①基于位置的智能查询。②景区、酒店等查询与推荐。③目的地智慧导航。④公共服务"找厕所"。⑤交通服务信息查询。⑥景区热度、拥挤度、新颖度查询。⑦基于游客画像的交互导购。旅游后需求主要包括：①产品、服务评价，满意度评价。②景区评价。③酒店评价。

（2）全媒体营销需求。通过大数据集成服务，可以提供游前旅游趋势预测及智慧营销、游中的人流量监控及预警、游后客源分析的全生命周期旅游大数据产品和服务，为旅游运营和营销工作提供决策支持。包括：①宣传推广。②客源分析。③旅行轨迹分析。④游客画像分析。

（3）产业运行监测需求。主要包括：①全国、区域旅游客流监测、预测与管理。②全国、区域高铁旅游产品销售情况监测与管理。③高铁旅游舆情监测与分析。

5.3.3 设计了基于大数据的高铁网络智慧旅游系统的总体框架、应用框架、功能框架和大数据框架

（1）提出了系统建设总体目标，即在整合"文、旅、铁"产业数据的基础上，从"数字化"走向"数智化"，建立融智慧服务、智慧营销、智慧管理为一体的智慧旅游系统。

（2）根据"1+4"全域旅游发展战略，设计了支撑铁路旅游资源体系、服务产品体系、产业生态体系和运营管理体系的基于

大数据的高铁网络智慧旅游平台总体框架，其分为基础环境层、数据采集层、数据处理层、数据分析层和数据应用层。本框架充分利用 12306 旅游版块已有的网络基础、业务系统和信息资源，加强整合，促进路内系统与路外系统互联互通、信息共享，使有限的资源发挥最大的效益。

（3）设计了信息交换、要素协同和价值共创的三阶段应用框架。在信息交互模式下平台汇集了大量旅游产品和服务信息，支持游客/旅客在旅游过程中所有可能的信息需求，同时提供个性化信息感知、信息推送以及旅游企业定制服务，同时满足高铁旅游监管部门的需求。在要素协同模式下，平台提供"需求识别—资源整合—服务对接—评价反馈—协同创新"的线上线下一体化高铁旅游服务，充分体现了平台的协同性、高效性、个性化和增值性。价值共创模式面向高铁旅游产业生态体系，实现综合优势最大化，打造了综合型的"高铁旅居生活圈"。

（4）基于需求分析和高铁网络大数据特征，提出了平台具体的功能框架设计，包括智慧旅游服务、智慧旅游营销和智慧旅游管理三大部分。同时，进行了平台大数据的框架设计。

5.3.4　深入剖析高铁网络旅游大数据特征，结合景区客流监测系统、住宿业统计系统、旅行社系统、接驳交通系统的数据，开展高铁网络旅游大数据应用研究

（1）路内、路外大数据结构特征分析。从高铁网络旅游大数据的来源类别与特征分析、时空轨迹数据的识别与特征分析、

旅游者心理维度的数据识别与特征分析、高铁旅游多源异构数据的清洗与融合分析等方面，进行了高铁网络旅游大数据结构特征分析。

（2）旅游大数据应用分析。选择黄山风景区对游客偏好进行了分析，包括餐饮偏好、住宿偏好、景区偏好和交通偏好，通过对游客所购车票信息进行分析，可得到游客成分结构、产品选择行为、购票行为、旅行行为等信息，为高铁旅游产品开发、全媒体营销策略、提升游客体验和服务水平提供依据。

5.3.5　实现原型系统在12306"铁路游"版块的示范应用

智慧旅游平台原型系统是基于铁路旅游大数据、依托铁路12306平台、按照智慧旅游平台设计方案提出的初始阶段信息交互模式，设计开发的以旅游产品查询和预订为主要功能的铁路旅游服务平台，旨在为铁路局旅游企业搭建旅游业务平台，为铁路旅客中的游客提供旅游预订功能。原型系统的部分功能已在铁路12306"铁路游"版块得到了应用，示范应用——"旅游专列产品预订"运行效果良好。

参考文献

［1］Cheng R, Song Y, Chen D, et al. Intelligent Positioning Approach for High Speed Trains Based on Ant Colony Optimization and Machine Learning Algorithms ［J］. IEEE Transactions on Intelligent Transportation Systems, 2018, 20 (10): 3737-3746.

［2］Pagliara F, Mauriello F. The Effects of Investments in New Transport Technologies Such as HSR on the Tourism Industry ［J］. The Open Transportation Journal, 2019, 13 (1).

［3］Wang W, Du W B, Li W H, et al. Network Analysis and Spatial Agglomeration of China's High-speed Rail: A Dual Network Approach ［J］. Chinese Physics B, 2021, 30 (1): 018901.

［4］蔡文迪, 吴宗法. 高铁开通影响下中国城市消费差异分析 ［J］. 统计与决策, 2021, 37 (5): 81-85.

［5］崔艳萍, 杨涛, 李燕. 基于 SWOT 分析的铁路旅游产品开发研究 ［J］. 铁道运输与经济, 2013, 35 (9): 24-28.

［6］董琨, 王梦娜, 门瑜. 劳动力流动对产业结构升级的中

介效应检验 [J]. 科技与管理, 2019, 21 (2): 42-49.

[7] 段佩利, 刘曙光, 尹鹏, 等. 城市群开发强度与资源环境承载力耦合协调的实证 [J]. 统计与决策, 2019, 35 (8): 49-52.

[8] 冯冬发, 李奥. 高铁开通对通辽市人口流动的影响研究 [J]. 北方经济, 2021 (2): 63-66.

[9] 甘肃旅游局. 宝兰高铁开通促进天水旅游提速发展 [EB/OL]. https://m.sohu.com/a/158393553_383689.

[10] 郭向阳, 明庆忠, 丁正山. 公路交通对城市旅游经济存在空间溢出效应吗？——以长江经济带为例 [J]. 四川师范大学学报 (社会科学版), 2021, 48 (2): 80-91.

[11] 何调霞, 黄成林, 梁双波. 中国旅游业发展与航空运输业关联分析 [J]. 热带地理, 2007 (4): 332-336.

[12] 江媛, 高金金, 周鑫, 等. 武夷山国家公园旅游交通发展策略 [J]. 北京工业大学学报, 2021, 47 (2): 162-168.

[13] 姜岩, 董大海, 胡左浩. 中国高速铁路品牌化的内涵与路径研究 [J]. 铁道运输与经济, 2016, 38 (7): 66-71.

[14] 金融界. 创新"高铁+"旅游产品扩展旅游新业态 [N]. 经济日报, 2020-09-05.

[15] 经济日报. 期待有更多"高铁+"旅游产品 [N/OL]. http://theory.jschina.com.cn/yaowen/202009/t20200901_6786876.shtml.

[16] 乐游上海. 66条"高铁+旅游产品线路"，带你快车慢游长三角 [EB/OL]. https://mp.weixin.qq.com/s/LKQ2XlViy

yKLd_ xuD69w.

[17] 李建强,赵西亮,郑丽珊.高铁开通对企业创新的影响——基于上市公司微观数据的实证分析 [J].中国经济问题,2021 (1):142-155.

[18] 厉新建,崔莉,万文平,等.高铁乘客的旅游特征与消费偏好分析 [J].北京第二外国语学院学报,2013,35 (11):63-71.

[19] 林晓言,刘秀英,曾哲.高铁品牌效应与市场竞争力:机理与实例 [J].北京交通大学学报(社会科学版),2015,14 (1):16-23.

[20] 林鹰.游轮旅游方兴未艾带动邮轮经济发展 [J].交通与运输,2016,32 (3):44-46.

[21] 刘奔腾.民航老机场遗产旅游价值评价体系研究及应用:以嘉峪关民航机场为例 [C]//中国艺术研究院、福建省文化厅.聚落文化保护研究:第三届两岸大学生闽南聚落文化与传统建筑调查夏令营暨学术研讨会论文集.泉州:中国艺术研究院、福建省文化厅:中国艺术研究院,2017:12.

[22] 刘佳,黄晓凤,陈俊.高铁与城市经济高质量发展——基于地级市数据的实证研究 [J].当代财经,2021 (1):14-26.

[23] 旅游中国.宁夏:乘势而上"高铁+旅游"为发展谋新篇 [EB/OL].http://travel. china. com. cn/txt/2021-03-16/content_77316380. html.

[24] 罗芳,方娟娟.研发投入对区域绿色生产率的影响分

析：基于省级面板数据实证研究［J］.科技与管理，2019，21（2）：57-63.

　　［25］罗尚焜，吴杰.内河游轮母港城市选址研究初探——国际五大内河游轮母港城市分析［J］.商场现代化，2015（Z1）：146-149.

　　［26］施震凯，魏尉，黄嘉楠.高速铁路、劳动力流动与制造业就业波动——基于中介效应模型的分析［J］.现代城市研究，2021（1）：32-38.

　　［27］苏建军，孙根年，赵多平.近30年来中国航空客运与入境旅游的关联效应及空间差异划分［J］.热带地理，2012，32（5）：553-560.

　　［28］孙宏日，刘艳军，周国磊.东北地区交通优势度演变格局及影响机制［J］.地理学报，2021，76（2）：444-458.

　　［29］孙全欣，韩宝明，王苏男.京沪高速铁路营运管理模式的研究［J］.北方交通大学学报，1999（5）：96-100.

　　［30］田红宇，王媛名，覃朝晖.高铁开通、劳动力流动与农村多维贫困［J］.统计与决策，2021，37（3）：15-20.

　　［31］同世隆，赵守国，王晗.高铁开通与外资风险投资流入：基于中国城市面板数据［J］.中国软科学，2021（1）：32-43.

　　［32］王金凤.三峡游轮旅游产品时间结构及优化研究［J］.度假旅游，2019（3）：46，52.

　　［33］王群勇，陆凤芝.高铁开通的经济效应："减排"与"增效"［J］.统计研究，2021，38（2）：29-44.

[34] 王昱. 我国游轮旅游市场现状及其思考 [J]. 交通企业管理, 2013, 28 (8): 18-20.

[35] 文玉钊, 李小建, 刘帅宾. 黄河流域高质量发展: 比较优势发挥与路径重塑 [J]. 区域经济评论, 2021 (2): 70-82.

[36] 徐永斌. 高速铁路客运站运营效果评价研究 [D]. 北京交通大学硕士学位论文, 2020.

[37] 杨桂凤, 梁婧, 罗阳, 等. 我国高铁旅游运输现状、问题、发展模式与建议 [J]. 铁道经济研究, 2019 (1): 28-34.

[38] 杨秀云, 毛舒怡, 张宁. 机场发展对地区旅游业发展的贡献性分析 [J]. 统计与信息论坛, 2011 (6): 85-89.

[39] 姚常成, 李迎成. 中国城市群多中心空间结构的演进: 市场驱动与政策引导 [J]. 社会科学战线, 2021 (2): 78-88, 281.

[40] 姚红. 高铁开通对旅游消费的影响及其区域异质性研究 [J]. 商业经济研究, 2021 (6): 189-192.

[41] 喻发美, 陈俊华, 孔莉, 等. 基于点—轴理论的中—伊铁路沿线旅游资源开发研究 [J]. 地理与地理信息科学, 2016, 32 (5): 115-120.

[42] 詹伟芳. 国外游轮旅游发展研究 [J]. 海洋开发与管理, 2008 (12): 118-123.

[43] 张凌云, 黎巎, 刘敏. 智慧旅游的基本概念与理论体系 [J]. 旅游学刊, 2012 (5): 66-73.

[44] 张言庆, 寇敏, 马波. 境外邮轮旅游市场研究综述 [J]. 旅游学刊, 2012, 27 (2): 94-100.

［45］郑彩玲，张继彤．高铁开通对城市创新质量的影响——基于 PSM—DID 模型的实证研究［J］．技术经济，2021，40（2）：28-35．

［46］周蓓，孙华程．九黄机场对九寨沟国内旅游者结构与行为的影响［J］．桂林旅游高等专科学校学报，2006（3）：286-290．

［47］邹统钎．旅游目的地品牌如何实现"千城千面"［J］．人民论坛·学术前沿，2021（4）：90-99．